"码"上家常菜

陈志田 主编

重庆出版集团 重庆出版社

图书在版编目（CIP）数据

"码"上家常菜/陈志田主编. —重庆:重庆出
版社,2014.8
ISBN 978-7-229-08324-3

Ⅰ.①码… Ⅱ.①陈… Ⅲ.①家常菜肴－菜谱 Ⅳ.
①TS972.12

中国版本图书馆CIP数据核字(2014)第149558号

"码"上家常菜
MASHANG JIACHANGCAI

陈志田　主编

出　版　人：罗小卫
责任编辑：肖化化
特约编辑：吴文琴
责任校对：何建云
装帧设计：金版文化·吴展新

重庆出版集团
重庆出版社　出版

重庆长江二路205号　邮政编码：400016　http://www.cqph.com
深圳市雅佳图印刷有限公司印刷
重庆出版集团图书发行有限公司发行
E-MAIL:fxchu@cqph.com　邮购电话：023-68809452
重庆出版社天猫旗舰店
cqcbs.tmall.com　直销
全国新华书店经销

开本：720mm×1016mm　1/16　印张：16　字数：200千
2014年9月第1版　2014年9月第1次印刷
ISBN 978-7-229-08324-3
定价：29.80元

如有印装质量问题，请向本集团图书发行有限公司调换：023-68706683

饮食文化是中国传统文化中的重要组成部分，传承至今人手中，已经非常成熟。家常菜作为中华饮食中最重要的一部分，一如既往地担当着促进人们的膳食结构更加合理、科学的角色。

民以食为天，人类的文明从饮食开始，然后在饮食中不断得以升华。可以说，"食"就是精神文明和物质文明的载体。而具体到每一个家庭，家常菜将这种角色的影响表现得更加细腻到位。

日食三餐是中国老百姓最普遍的饮食规律。而这三餐中必不可少的家常菜给人们带来的不仅仅是味道、营养，还有全家人围坐在一起的浓浓亲情。

家常菜，顾名思义，就是家庭日常烹饪、食用的菜肴。这类菜肴家庭色彩十分浓厚，会照顾到每一位家庭成员的口味及营养的需求。它不是单种食材、单一烹饪方式的固定菜肴，而是一类不限食材、不限做法的家庭性综合烹饪的展示。

生活中常见的蔬菜、畜肉、禽蛋、水产等食材，都在它的选择范围之中。人们用这些简单不贵的食材，通过家常的烹饪技艺，能够轻轻松松地烹饪出各种美味。比如素菜中的白菜，可以做紫菜凉拌白菜心（凉拌），可以做白菜梗炒猪头肉（爆炒），也可以做白菜冬瓜汤（汤羹），如果您喜

欢，还可以将其做成开胃的泡菜（腌渍），等等。

家常菜种类繁多，浩瀚如星海，可以做到一日一新。而家常菜怎么做，只有想不到，没有做不到。这些常吃的食材如果善加处理，其营养价值同样能够媲美山珍海味，即我们常说的"山珍海味千般好，不及家常日日鲜"。选材合理、烹饪科学的家常菜在养生方面的价值同样不可忽视，比如玉米笋焖排骨能补钙强身，豉油蒸鲤鱼能开胃健脾，香菇猪蹄汤可以润泽肌肤，蛤蜊蒸蛋能健脑益智，等等。

家常菜不仅能满足人们的口舌之欲，还能提高人们对生活的认知，成为维系家人的纽带。一些家喻户晓的家常菜更是被国人所熟知，每每被谈及，总能在不经意间触动人们的心灵。这些能够触动心灵的家常菜，其背后通常都有一段源远流长的故事。比如大名鼎鼎的棒棒鸡，其故事来源就十分耐人寻味。据传一千多年前，山东人贾思勰写过一本名著《齐民要术》，书中记载过用木棒打出来的一味佳肴，这种美食被叫做白脯。白脯的味道自然是咸鲜香麻，十分可口。后来"白脯"失传了，四川却出现了"棒棒鸡"。非常奇妙的是，棒棒鸡也是用木棒打出来的。棒棒鸡在成菜之前用木棒轻轻地敲打全身，目的是把鸡肉捶松。这样，调和各种作料后，比较容易入味，人们咀嚼起来也更省力。如今这道美味已经走向千家万户，成为人们餐桌上的熟客，成为许多家庭难以抹去的亲情印记。

关于家常菜，如何选材、如何烹饪并不是一门十分复杂的学问，但也不可等闲视之，关键在于烹饪者是否用心。当然，如果能获得烹饪大师的指导，做起来会更加游刃有余。而这些内容，都将在本书中得到细致地剖析。

本书是一本结合新媒体资源的家常菜菜谱，具有以下几个特色：

本书精选最常见的食材，最经典的家常菜品，最全面的制作指导、烹饪技艺和超多实用的养生常识，以满足读者最实在的生活需求。

本书除了总结以往经典的口味，还添加了当下最新的口味。读者参照本书，可以依托时下流行的饮食风格，创造出极具个人特色的菜品。

书中每一道菜品都附有一个二维码，通过扫描二维码，您可以观看高清做菜视频，以最直观的方式获取最准确的指导。

最后祝愿每一位读者都能从中获取最有价值的烹饪技艺和养生知识，为家人、朋友制作出一道道地道、美味、营养的家常菜肴，让家人、朋友无论身在何处，都能感受到浓浓的亲情、友情。

$\mathcal{C}\ o\ n\ t\ e\ n\ t\ s$ 目 录

Part 1
烹饪常识篇

Part 2
健康蔬菜篇

Part 3
营养畜肉篇

Part 4
美味禽蛋篇

Part 5
水产海鲜篇

烹饪常识篇

烹饪的过程其实是一个享受的过程，看着自己挑选的食材，通过各种神奇的烹饪手法变成一道道美食，是不是很有成就感？当然，既然是家常菜，每种食材就不会只有单一的一种烹饪手法，蒸、煮、炸、炒、拌……各种烹饪方法都是良配。将一种食材用不同的烹饪手法而变成不同的美食，也是一个探险的过程，现在就来探索一下家常菜的秘密吧！

家常必备调料——盐

盐是烹饪菜肴必备的调味料，它可以在保持食材原汁原味的同时增加菜肴的可口度。盐的功用不仅仅是调味，还可以预防一些疾病。

烹饪中盐的使用

食盐在烹调过程中常与其他调料一同使用。一般说，咸味中加入微量醋，可使咸味增强，加入醋量较多时，可使咸味减弱。咸味中加入砂糖，可使咸味减弱。此外，食盐有高渗透作用，还能抑制细菌的生长。制作肉丸、鱼丸时，加盐搅拌，可使制成的肉丸柔嫩多汁。在和面时加点盐可在一定程度上增加面的弹性和韧性。

盐和油的搭配

用动物油炒菜，最好在放菜前下盐，这样可减少动物油中有机氯的残余量，对人体有利。用花生油炒菜，也要在放菜前下盐，这是因为花生油中可能会含有黄曲霉菌，而盐中的碘化物可除去这种有害物质。用豆油或菜油，应先放菜后下盐，可减少营养成分的损失。

不同烹饪手法的加盐时机

①烹调前加盐

目的是使原料有一种基本咸味，并产生收缩。在使用炸爆、滑熘、滑炒等烹调方法时，都可在上浆、挂糊时加入一些盐。因为这类烹调方法的主料被包裹在糊糊层中，味不得入，所以必须在烹调前加盐。另外有些菜在烹调过程中无法加盐，如荷叶粉蒸肉等，也必须在蒸前加盐。

②烹调中加盐

这是最主要的加盐方法，在运用炒、烧、煮、焖、煨、熘等技法烹调时，都要在烹调中加盐，而且是在菜肴快要做熟时加盐，减少盐对菜肴的渗透，保持菜肴鲜嫩，养分不流失。

③烹调后加盐

即加热完成以后加盐，一般以炸为主烹制的菜肴属此类。在炸好后，还需撒上花椒、盐等调料。

家常烹调蔬菜怎样更养生

蔬菜中含有许多易溶于水的营养成分，如B族维生素、维生素C及微量元素等。烹调新鲜蔬菜的第一步，就是要考虑到留住这些营养物质，不让它们随水流失。

蔬菜应现炒现处理

蔬菜买回家后不能马上整理。

许多人都有一个习惯：把蔬菜买回家以后就立即整理，整理好后却要隔一段时间才炒。

事实上包菜的外叶、莴笋的嫩叶、毛豆的荚都是鲜活的，它们的营养物质在整理前仍然在向食用部分传输，让它们保持原样有利于保存蔬菜的营养物质。

把蔬菜整理以后，营养物质容易丢失，菜的品质自然下降，因此，不打算马上炒的蔬菜就不要立即整理，应现理现炒。

蔬菜不要先切后洗

许多蔬菜，人们都习惯先切后清洗。其实，这样做是非常不科学的，因为这种做法会加速蔬菜营养素的氧化和可溶物质的流失，使蔬菜的营养价值降低。

蔬菜先洗后切，维生素C可保留98.4%～100%，如果先切后洗，维生素C就会降低到73.9%～92.9%。正确的做法是：把叶片剥下来清洗干净后，再用刀切成片、丝或块，随即下锅烹炒。

蔬菜切多大营养保存最好

蔬菜不宜切得太细，过细容易丢失营养素。

据研究，蔬菜切成丝后，维生素C仅保留18.4%。蔬菜切成小块，过1小时维生素C会损失20%。

蔬菜切成稍大块，有利于保存其中的营养素。有些蔬菜若可用手撕断，就尽量少用刀切。

例如花菜，洗净后只要用手将一个个绒球肉质花梗团掰开即可，不必用刀切，因为刀切时，肉质花梗团便会被弄得粉碎不成形，当然，最后剩下的肥大主花大茎要用刀切开。总之，能够不用刀切的蔬菜就尽量不要用刀切。

蔬菜用沸水焯熟口感好

维生素含量高且适合生吃的蔬菜应尽可能凉拌生吃，或在沸水中焯1~2分钟后再拌，也可用带油的热汤烫菜。用沸水煮根类蔬菜可以软化膳食纤维，改善蔬菜的口感。

烹饪蔬菜尽量少放调料

蔬菜本身的味道基本都很清新，如果大量使用调料会盖住它本身的味道。

美国科学家的一项调查表明，胡椒、桂皮、白芷、丁香、小茴香、生姜等天然调味品有一定的诱变性和毒性，多吃可导致人体细胞畸变，形成癌症，还会给人带来口干、咽喉痛、精神不振、失眠等副作用，有时也会诱发高血压、肠胃炎等多种病变，所以烹调蔬菜时尽量少放调味料。

炒蔬菜用铁锅最好

用铁锅炒菜维生素损失较少，还可补充铁质。若用铜锅炒菜，维生素C的损失要比用其他炊具高2~3倍。这是因为用铜锅炒菜会产生铜盐，可促使维生素C氧化。

连续炒菜须刷锅

经常炒菜的人知道，在每炒完一道菜后，锅底就会有一些黄棕色或黑褐色的黏滞物。有些人连续炒菜不刷锅，认为这样既节省了时间，又不会造成油的浪费。

事实上，如果不刷锅接着炒第二道菜，锅底里的黏滞物就会粘在锅底，从而出现"焦味"，而且会给人体的健康带来隐患。

不要久存蔬菜

很多人喜欢一周进行一次大采购，把采购回来的蔬菜存在家里慢慢吃，这样虽然节省时间也很方便，但蔬菜放置一天就会损失大量的营养素。例如，菠菜在通常状况下（20℃）多放置一天，维生素C的损失就高达84%。因此，应该尽量减少蔬菜的储藏时间。如果储藏，也应该选择干燥、通风、避光的地方。

烹调肉类保住营养的秘诀

肉类具有营养丰富和美味的特点，本节将介绍烹调肉类的窍门和保住其营养的方法。

肉块要适当切大一些

肉类都含有可溶于水的含氮物质，炖猪肉时含氮物质释出越多，肉汤味道越浓，肉块的香味则会相对减淡，因此炖肉的肉块要适当切大一些，以减少肉内含氮物质的外溢，这样肉味会更鲜美。

不要用旺火猛煮

烹调肉类时不宜用旺火猛煮，一是因为肉块遇到急剧的高热，肌纤维会变硬，肉块就不易煮烂；二是因为肉中的芳香物质会随猛煮时的水汽蒸发掉，使香味减少。

炖肉时记得少加水

在炖煮肉类时，要少加水，以使汤汁滋味醇厚。在炖煮的过程中，肉类中的水溶性维生素和矿物质溶于汤汁内，连汤一起食用，会减少营养损失。因此，在食用红烧、清炖及蒸、煮的肉类及鱼类食物时，应连汁带汤都吃掉。

肉类焖制营养最高

肉类食物在烹调过程中，某些营养物质会遭到破坏。采用不同的烹调方法，其营养损失的程度也有所不同。如蛋白质，在炸的过程中损失可达8%~12%，采用煮和焖则营养损耗较少；维生素B，在炸的过程中会损失45%，煮为42%，焖为30%。由此可见，肉类在烹调过程中，焖制营养损失最少。另外，如果把肉剁成肉泥，加面粉等做成丸子或肉饼，其营养损失要比直接炸和煮减少一半。

最佳搭配——蒜

民间有谚语云："吃肉不加蒜，营养减一半。"意思就是说肉类食品和蒜一起烹饪更有营养。吃肉时应适量吃一点蒜，既可解腥去异味，又能使肉中的维生素B_1更好地发挥营养效果。

家常食用海鲜注意事项

对许多人来说，食用海鲜能得到口味与精神的双重满足，鲜美的味道、滑嫩的口感都让人回味无穷。但吃海鲜绝不可以无所禁忌。面对各式各样的海鲜和形形色色的烹饪方法，我们在品尝之余还得留个心眼，若在细节上稍不注意，最后只会让我们的健康遭殃。

海鲜一定要煮熟

海鲜中的病菌主要是副溶血性弧菌等，耐热性比较强，80℃以上才能杀灭。除了水中带来的细菌以外，海鲜中还可能存在寄生虫卵以及加工带来的病菌和病毒污染。一般来说，在沸水中煮4～5分钟才能彻底杀菌。因此，在吃诸如醉蟹之类不加热烹调的海鲜时一定要慎重，吃生鱼片时也要保证鱼的新鲜和卫生。

不能吃死的水产海鲜

贝类本身的带菌量比较高，蛋白质分解又快，一旦死去便大量繁殖病菌，产生毒素，同时其中所含的不饱和脂肪酸也容易氧化酸败。不新鲜的贝类还会产生较多的胺类和自由基，对人体健康造成威胁。鲜活贝类买回来以后，不能存放太久，要尽快烹调。过敏体质的人尤其应当注意，有时候过敏反应不是因为海鲜本身，而是海鲜蛋白质分解过程中的分解物所致的。

海鲜与大量维生素C同吃会中毒

虾、蟹、蛤、牡蛎等体内均含有化学元素砷。虾体内所含砷的化合价是五价，一般情况下，五价砷对人体没有害处。但高剂量的维生素C（一次性摄入维生素C超过500毫克）和五价砷经过复杂的化学反应，会转变为有毒的三价砷，即我们常说的砒霜，当三价砷达到一定剂量时可导致人体中毒。据专业人士解释，一次性生吃1500克以上的绿叶蔬菜，才会大剂量地摄入维生素C。如果经过加热烹调，食物中的维生素C还会大打折扣。因此，在吃海鲜时食用青菜，只要不超过上述的量是没有危险的。

家常菜烹饪必知禁忌

炒菜时油可不可以反复使用？是不是食材都去皮再烹饪比较好？看似简单的家常厨房问题，其实却关乎家人的饮食安全、健康和营养。

炒某些菜时不宜过早放盐

烧肉若过早放盐易使肉中的蛋白质发生凝固，使肉块缩小，肉变质硬，且不易烧烂。

炖肉不宜中途加冷水

肉中含有大量的蛋白质和脂肪，烧煮中若突然加冷水，汤汁温度骤然下降，蛋白质与脂肪即会迅速凝固，肉、骨的空隙也会骤然收缩而不会变烂。

不只如此，肉、骨本身的鲜味也会受到影响。

未煮透的黄豆不宜吃

人们吃了未煮透的黄豆，对黄豆蛋白质难以消化和吸收，甚至会发生腹泻。而食用煮烂烧透的黄豆，则不会出问题。

炒鸡蛋不宜放味精

炒鸡蛋时没有必要再放味精，因为味精会破坏鸡蛋的天然鲜味。

反复炸过的油不宜食用

因食用油中的不饱和脂肪经过加热会产生各种有害的聚合物，此物质可使人体生长停滞，肝脏肿大。另外，此种油中的维生素及脂肪酸均遭到破坏，对人体有害。

吃茄子不宜去掉皮

在我国所有蔬菜中，茄子中所含有的维生素P最高。而茄子中维生素P最集中的地方是在其紫色表皮与肉质连接处，因此，食用茄子应连皮吃，而不宜去皮。

铝铁炊具不宜混合

如果炒菜的锅是铁制的，铲子是铝制的，较软的铝铲就会很快被磨损而进入菜肴中，食用过多的铝对身体是很不利的。

小小秘诀，留住食物营养

为什么现在的人对饮食的要求越来越高，而营养却没有越来越好呢？因为我们的一些不良生活习惯，让很多食物的营养在不知不觉中流失了。要想吃得好、吃得营养，就要学会科学地储藏和烹饪食物，留住食物中的营养。

储存食品别太久

很多人喜欢周末采购一周所需要的食品，存入冰箱中。实际上，食物储存的时间越久，营养流失得越多。食物储存的时间越长，一些有抗氧化作用的维生素（如维生素A、维生素C、维生素E等）的损失就越大。蔬菜应该现买现吃，最好是吃多少买多少。

肉类冷冻分成块

一些人习惯将一大块肉解冻之后，将切剩的肉重新放回冰箱中冷冻。还有些人为了加快解冻速度，用热水浸泡冻肉，这些做法都是不可取的。因为鱼、肉反复解冻会导致营养物质流失并影响口感。肉类最好的储藏方法是将它们分块，并快速冷冻。

米淘两遍就可以

很多人做饭时喜欢把米淘上三五遍，其实，淘米的次数越多，营养损失得越多，很多水溶性的维生素就会溶解在水里，尤其是维生素B₁很容易流失。

所以，米一般用清水淘洗两遍即可，不要使劲揉搓。

炒菜方法有讲究

炒菜时要急火快炒，避免长时间炖煮，而且要盖好锅盖，防止溶于水的维生素随蒸气跑掉。炒菜时应尽量少加水。炖菜时适当加点醋，既可调味，又可保护维生素C少受损失。做肉菜时适当加一点淀粉，既可减少营养的流失，又可改善口感。

加热时间不宜过长

烹调方式的选择也会影响食物的营养。多叶蔬菜在加热过程中会损失20%～70%的营养物质，食物蒸煮过度会使维生素遭到破坏，维生素C、B族维生素、氨基酸等极有营养的成分有一个共同的弱点就是"怕热"，在80℃以上就会损失掉。而煎炸食物会破坏食品中的维生素A、维生素C和维生素E，还会产生有毒物质丙烯酰胺，故食物的加热时间不宜过长。

家常菜安全吃

民以食为天，但"病"从口入已经升级到"毒"从口入的现实摆在我们面前，那么，如何防止"毒"从口入呢？在以下的各个环节中我们都要严格把关了。

挑选环节

在挑选原材料上要是出了什么差池，那么一切"毒"就从此而生。所以，在日常生活中，我们应该掌握一些挑选"好"食物的技巧。

①忌"新"

任何时候，最安全的选择都是顺应时节瓜熟蒂落的当季蔬果，逢年过节上市的反季节蔬果，受农用化学品污染的概率要大得多，没有当季蔬果安全性高。

②忌"奇"

和寻常模样相比明显有异样的食材，包括发育明显不正常的一些动物类食材，肯定在生长过程中遭遇过非正常

的影响。例如双黄蛋很可能是鸡吃了添加有激素类成分的饲料后的产物；鱼的骨头上有异常的骨结，很可能是鱼生长的区域被污染了。食材形态上出现的异样很可能是含有不安全成分的信号，出于谨慎的原则，建议对这样的食材要整体抛弃，而不要仅仅去掉有异样的部分。

烹前环节

把烹饪食材买回来后，切洗这一步也很重要，只有经过正确的清洗，才能把食物放进锅中煮食。那么在切洗这一过程中我们要注意什么呢？

①"泡澡"比"淋浴"好

根据科学测试，即便不用任何洗涤剂，用清水漂洗而不是冲洗，也可以清除蔬菜表面85%~90%的残留农药。因此，买来的蔬菜在去掉表面污物后，在清水中浸泡片刻（10~15分钟）再冲洗，可以将安全系数大大提高。而且，这样还可以减少洗涤剂的用量，更加环保。

②1厘米安全区

对食材需要进行局部"切除手术"的情况有很多，比如一些食材局部出现

了变质，应该是从需要去掉的部位的外边缘起，再向外扩展1厘米的距离下刀，这样才能保证彻底地消除安全隐患。

厨房环节

尽管我们挑选了干净的食材，在切洗环节也做好了准备，但还有一项需要注意，那就是烹饪工具的选择及其安全性能问题。

①什么锅最安全

首选铁锅，它不仅不含其他化学物质，还可以补充人体所需的铁元素以预防缺铁性贫血。但铁锅最大的不足是容易生锈，既影响食物的色香味，又对我们的身体有害，所以，每次使用后洗净擦干不留水渍，是我们必做的事情。

②燃气安全

烹饪中，即便是天然气这种很清洁的能源，在燃烧时依然会产生一些有害健康的物质。

如果你还特别喜欢用油烹饪，就将处于更严重的危害中。这些危害将增加心脑血管和消化道病变的可能。

要对抗这些隐形杀手，安装抽油烟机实属必需，还要养成少用高热的锅来烹饪的良好习惯，同时，定期请专业工人帮你检查和调整灶具，让气嘴和风门大小的配合达到最佳的状态。

烹饪安全

经过重重的关卡后，不要以为可以松一口气了，在烹饪过程中，油等调味料的掌握也很重要，以下的几点只要能把握好，毒素就真的无法危害你了。

①油温，适中最好

一般说来，越高油温加工的食物越不健康，不但营养成分被破坏更多，而且更容易产生对身体有害的成分。

比较健康的烹饪方法应该是尽量使用蒸、煮、炖等方式，不要过度追求那焦香的诱惑，更不要贪恋那些高温烤制的食品，将家庭食谱中食物的烹饪温度限制在200℃以下，安全自会与你如影随形。

②安从简出，尽量少使用调料

烹调中使用的一些基础调料，在使用上一样需要仔细。不用味精，少用盐，就是在为你和家人的安全、健康加分。虽然它们可以让食物更美味，但还是少用为妙，类似的还有鸡精之类。只要我们在用料和烹饪方法方面做足功夫，不需要它们，同样可以做出美味的菜肴。

Part 2

健康蔬菜篇

　　蔬菜一般分为茎叶类、瓜果类、花菜类、块根类，再广泛一些还可以加入豆类、豆制品、菌菇类等食材。蔬菜味道鲜美，营养丰富，容易被人体吸收，也比较容易消化。蔬菜中通常含有丰富的微量元素、维生素、氨基酸、淀粉、蛋白质，以及少量的脂肪、碳水化合物等，可补充人体必需的各种元素，让健康与你相伴。

大白菜

{ 通利肠胃
清热解毒 }

热量：18千卡/100克　　每日食用量：约100克

性味归经	性平，味甘，归肠、胃经
主要营养	蛋白质，脂肪，多种维生素，粗纤维，微量元素钙、磷、铁、锌等
适宜人群	一般人群均可食用
不宜人群	大白菜性偏寒凉，胃寒腹痛的人不能多吃

相宜搭配及功效

大白菜+猪肉 ✅ 促进肠胃蠕动

大白菜+木耳 ✅ 促进排毒

大白菜+牛肉 ✅ 调理肢寒畏冷

大白菜+青椒 ✅ 促进肠胃蠕动

相克搭配及原因

大白菜+兔肉 ❌ 易导致腹泻

大白菜+黄瓜 ❌ 会降低营养

大白菜+羊肝 ❌ 降低营养

营养功效

①预防感冒：大白菜的营养元素能够提高机体免疫力，有预防感冒及消除疲劳的功效。

②补水利尿：大白菜中的钾能将盐分排出体外，有利尿作用。

③健胃消食：炖煮后的大白菜有助于消化，可通利肠胃。

④养颜护肤：秋冬季节空气特别干燥，寒风对人的皮肤伤害极大。大白菜中含有丰富的维生素C、维生素E，多吃大白菜，可以起到很好的护肤和养颜效果。

食材处理

①取3片洗净的大白菜叶，先将两边的白菜叶切去。

②梗一端切平整，依次切成均匀的菱形块即可。

紫菜凉拌白菜心

 **材料** 大白菜200克，水发紫菜70克，熟芝麻10克，蒜末、姜末、葱花各少许

调料 盐3克，白糖3克，陈醋5毫升，芝麻油2毫升，鸡粉、食用油各适量

做法

① 大白菜洗净切丝;用油起锅，把蒜末、姜末爆香盛出。

② 锅注水烧开，放盐、大白菜拌匀略煮，倒入紫菜煮沸捞出。

③ 焯好的食材装碗，倒入蒜末、姜末、盐、鸡粉、陈醋、白糖。

④ 淋入芝麻油，倒入葱花拌匀，装碗，撒上熟芝麻即可。

制作指导
白菜焯水时可以在水里加少许醋，会使白菜更脆嫩爽口。

营养功效
大白菜含蛋白质、脂肪、粗纤维等成分，与紫菜搭配有通便、降血压的功效。

白菜梗炒猪头肉

材料 卤猪头肉300克，大白菜梗110克，红椒40克，姜片、蒜末、葱段各少许

调料 盐3克，鸡粉2克，生抽4毫升，豆瓣酱10克，水淀粉4毫升，食用油适量

做法

① 处理好的红椒、大白菜梗切块；卤猪头肉切成片。

② 锅注水烧开，加盐、大白菜梗搅匀，煮半分钟至断生捞出。

③ 用油起锅，倒入猪头肉炒至出油，放生抽、姜片、蒜末、葱段炒匀。

④ 倒红椒、豆瓣酱、大白菜梗、盐、鸡粉炒匀，倒入水淀粉勾芡即可。

制作指导

卤猪头肉本身有咸味，因此烹饪此菜时盐等调料可以少放一些。

营养功效

猪肉具有补肾养血、滋阴润燥、丰肌泽肤等功效。

白菜梗拌胡萝卜丝

材料 大白菜梗120克，胡萝卜200克，青椒35克，蒜末、葱花各少许

调料 盐3克，鸡粉2克，生抽3毫升，陈醋6毫升，芝麻油适量

做法

①洗净的大白菜梗切丝；洗好去皮的胡萝卜切细丝；洗净的青椒去子，切丝。

②锅注入水烧开，加盐、胡萝卜煮约1分钟，放大白菜梗、青椒，再煮约半分钟捞出。

③把焯煮好的食材装盘中，加盐、鸡粉、生抽、陈醋、芝麻油、蒜末、葱花，搅拌至食材入味即成。

制作指导

焯煮食材时，可以放入少许食用油，能使拌好的食材更爽口。

白菜冬瓜汤

材料 大白菜180克，冬瓜200克，枸杞8克，姜片、葱花各少许

调料 盐2克，鸡粉2克，食用油适量

做法

①洗净去皮的冬瓜切成片；洗好的大白菜切成小块。

②用油起锅，放入姜片爆香，倒入冬瓜片翻炒匀，放大白菜炒匀，注水，放入枸杞。

③盖上盖，烧开后用小火煮5分钟，揭盖加入盐、鸡粉搅匀调味盛出，撒上葱花即成。

制作指导

大白菜的菜叶容易熟，可先放入菜梗煮片刻，再放入菜叶烹饪。

包菜 { 益心力 利脏器 }

热量：17千卡/100克　　每日食用量：100～500克

性味归经	性平，味甘，归脾、胃经
主要营养	叶酸，微量元素钾，维生素C，维生素E，β-胡萝卜素等成分
适宜人群	一般人群均可食用，特别适合动脉硬化、胆结石症患者
不宜人群	皮肤瘙痒性疾病、眼部充血患者忌食

相宜搭配及功效

包菜+西红柿　　✔ 益气生津

包菜+黑木耳　　✔ 增强免疫力

包菜+猪肉　　✔ 润肠胃、健体魄

包菜+青椒　　✔ 促进食欲

相克搭配及原因

包菜+黄瓜　　✘ 降低营养价值

包菜+醋　　✘ 包菜叶酸易被破坏

包菜+动物肝脏　　✘ 破坏维生素C

营养功效

①抗衰老：包菜富含维生素C、维生素E和胡萝卜素等，具有很好的抗氧化作用及抗衰老作用。

②预防胃溃疡：包菜富含维生素U，维生素U对溃疡有很好的治疗作用，能加速愈合，还能预防胃溃疡恶变。

③防癌抗癌：包菜含有丰富的萝卜硫素，能形成一层对抗外来致癌物侵蚀的保护膜，能够很好地防癌抗癌。

④减肥：包菜含有的热量和脂肪很低，但是维生素、膳食纤维和微量元素的含量却很高，是一种很好的减肥食物。

食材处理

①在清水里加适量的碱，用手搅匀。

②将包菜切开，放进碱水中浸泡15分钟。

③再把包菜冲洗几遍，沥干水分即可。

包菜炒肉丝

📋 **材料** 猪瘦肉200克，包菜200克，红椒15克，蒜末、葱段各少许

⚖️ **调料** 盐3克，白醋2毫升，白糖4克，料酒、鸡粉、水淀粉、食用油各适量

🍳 **做法**

❶ 处理好的包菜、红椒、猪肉切成丝；肉丝加入盐、鸡粉、水淀粉抓匀。

❷ 肉丝注油腌渍10分钟；锅加水烧开，放油、包菜煮半分钟至其断生，捞出。

❸ 用油起锅，放蒜末爆香，倒入肉丝、料酒炒转色，倒入包菜、红椒炒匀。

❹ 加入白醋、盐、白糖炒匀，放入葱段、水淀粉拌炒均匀即可。

🔘 **制作指导**

包菜含有的维生素C遇热易流失，因此炒包菜的时间不宜过长。

🔘 **营养功效**

包菜对于儿童免疫系统、骨骼组织以及大脑等的发育有重要影响。

生菜

{ 消脂减肥
增进食欲 }

热量：15千卡/100克　　每日食用量：约80克

性味归经	性凉，味甘，归胃、大肠经
主要营养	蛋白质、脂肪、碳水化合物、膳食纤维、维生素A等
适宜人群	一般人群均可食用，尤其适宜胃病患者、肥胖者、高胆固醇患者
不宜人群	脾胃虚寒、肠滑不固、尿频者慎食

相宜搭配及功效

生菜+牛肉	✅ 增强免疫力
生菜+豆腐	✅ 可减肥健美
生菜+蘑菇	✅ 清肝利胆
生菜+大蒜	✅ 杀菌、降血脂

相克搭配及原因

生菜+醋	✖ 损伤牙齿
生菜+黄瓜	✖ 破坏维生素C
生菜+螃蟹	✖ 可能引起不适

营养功效

①瘦身排毒：生菜中含有膳食纤维和维生素C，有消除多余脂肪的作用。

②促进血液循环：生菜中还含有甘露醇等有效成分，有利尿和促进血液循环的作用。

③抑制病毒：生菜中含有一种"干扰素诱生剂"，可刺激人体正常细胞产生干扰素，从而产生一种"抗病毒蛋白"抑制病毒。

④降低胆固醇：生菜茎叶中含有莴苣素，具有镇痛催眠、降低胆固醇、辅助治疗神经衰弱等功效。

食材处理

①生菜注入清水，加入适量面粉。

②用手搅匀，浸泡10分钟左右。

③将生菜捞起来，冲洗2~3遍，沥干水即可。

 炝炒生菜

🥬 **材料** 生菜200克

🧂 **调料** 盐2克，鸡粉2克，食用油适量

🍳 **做法**

❶ 将洗净的生菜叶纵向切开成几片，装入盘中。

❷ 锅中注入适量食用油，烧热。

❸ 放入切好的生菜，快速翻炒至熟软。

❹ 加入适量盐，再放入适量鸡粉，炒匀调味即可。

🔺 **制作指导**

生菜宜大火快炒，而且调料不要放太多，以保持其鲜嫩的口感。

🔺 **营养功效**

生菜有利五脏、通经脉的功效，还能降低胆固醇、清燥润肺。

菠菜

{ 滋阴补血
养肝明目 }

热量：24千卡/100克　　每日食用量：100～250克

性味归经	性凉，味甘，归大肠、胃经
主要营养	粗纤维，胡萝卜素，维生素C，微量元素钙、磷，叶酸，磷脂等
适宜人群	一般人群均可食用，特别适合老、幼、病、弱者食用
不宜人群	肾炎患者、肾结石患者不宜食用，脾虚便溏者不宜多食

相宜搭配及功效

菠菜+胡萝卜	✔ 保持心血管畅通
菠菜+鸡蛋	✔ 预防贫血
菠菜+海带	✔ 可防止结石
菠菜+猪肝	✔ 可防止结石

相克搭配及原因

菠菜+牛肉	✘ 会降低营养
菠菜+豆腐	✘ 会形成草酸钙
菠菜+鳝鱼	✘ 性味冲突

营养功效

①保护视力：菠菜中所含的胡萝卜素在人体内会转变成维生素A，能保护视力、维护上皮细胞的健康，提高机体预防传染病的能力，促进儿童的生长发育。

②抗衰老：菠菜提取物具有促进培养细胞增殖的作用，既抗衰老又能增强青春活力。

③开胃消食：菠菜含有大量的植物粗纤维，具有促进肠道蠕动的作用，利于排便，且能促进胰腺分泌，帮助消化。

④补血：菠菜含有丰富的铁元素，对缺铁性贫血有较好的辅助治疗作用。

食材处理

①菠菜放在盆中，在流水下稍加冲洗。

②锅中注入清水烧开，将菠菜放入沸水锅中。

③搅动菠菜使其完全浸入水中，捞起即可。

菠菜拌胡萝卜

材料 胡萝卜85克，菠菜200克，蒜末、葱花各少许

调料 盐3克，鸡粉2克，生抽6毫升，芝麻油2克，食用油少许

做法

❶ 洗净去皮的胡萝卜切丝；洗净的菠菜切去根部，切段。

❷ 锅注水烧开，加油、盐、胡萝卜煮1分钟，倒菠菜煮半分钟捞出。

❸ 将焯好的食材装入碗中，撒上蒜末、葱花，加入盐、鸡粉、生抽。

❹ 倒入芝麻油，搅拌至食材入味即成。

制作指导

烹调前将菠菜放入沸水锅中焯煮一会儿，可以减少其草酸的含量。

营养功效

菠菜具有通便清热、理气补血等功效，对于控制血压也有一定的作用。

淡菜拌菠菜

材料 水发淡菜70克，菠菜300克，彩椒40克，香菜25克，姜丝、蒜末各少许

调料 盐4克，鸡粉4克，料酒5毫升，生抽5毫升，芝麻油2毫升

做法

① 洗好的菠菜切段；洗净的彩椒去子切丝；洗好的香菜切成段。

② 锅注水烧开，放油、盐、鸡粉、淡菜、料酒搅匀，煮1分钟捞出。

③ 再倒入菠菜，煮约1分钟，加入彩椒略煮一会儿捞出，沥干水分。

④ 焯水的食材加入淡菜、姜丝、蒜末、香菜、调料，拌匀即可。

制作指导

淡菜宜先用温水泡发后再使用，这样成品的口感更佳。

营养功效

淡菜所含的钙、磷丰富，有助于稳定血压，是高血压病的食疗佳品。

枸杞拌菠菜

材料 菠菜230克，枸杞20克，蒜末少许

调料 盐2克，鸡粉2克，蚝油10克，芝麻油3毫升，食用油适量

做法

① 择洗干净的菠菜切去根部，切成段。

② 锅注水烧开，放食用油、枸杞，焯煮片刻捞出；倒入菠菜搅拌匀，煮1分钟，捞出。

③ 把焯好的菠菜倒入碗中，放入蒜末、枸杞、盐、鸡粉、蚝油、芝麻油拌至入味即可。

制作指导

可以把凉拌好的菜肴放到冰箱里冷藏一下，夏天食用口感更佳。

菠菜鱼丸汤

材料 菠菜180克，鱼丸200克，姜片、葱花各少许

调料 盐2克，鸡粉2克，料酒8毫升，食用油适量

做法

① 鱼丸对半切开，切上网格花刀；洗净的菠菜去根，切成段。

② 用油起锅，放入姜片爆香，倒入鱼丸炒匀，淋入料酒炒匀，注水煮沸盖盖，煮2分钟。

③ 揭盖，放入菠菜搅匀煮熟，放盐、鸡粉搅匀盛出，撒上葱花即可。

制作指导

在烹制菠菜前，最好将其焯烫一下，以去除草酸。

韭菜 { 补肾壮阳 益肝健胃 }

热量：29千卡/100克　　每日食用量：约50克

性味归经	性温，味甘、辛，归肝、肾经
主要营养	微量元素铁、钾等，维生素A，维生素C，粗纤维等
适宜人群	一般人群均能食用，尤其适宜便秘、痔疮患者
不宜人群	口腔溃疡者，齿龈出血、牙齿松动者，肝硬化、癌症患者慎食

▲ 相宜搭配及功效

韭菜+黄豆芽　　　　✅ 通肠利便

韭菜+鸡蛋　　　　　✅ 补肾行气

韭菜+木耳　　　　　✅ 益智健脑

韭菜+绿豆芽　　　　✅ 通便补虚

▲ 相克搭配及原因

韭菜+蜂蜜　　　　　❌ 易导致腹泻

韭菜+菠菜　　　　　❌ 易引起腹泻

韭菜+牛奶　　　　　❌ 会降低钙的吸收

▲ 营养功效

①促进排便：韭菜含有大量维生素和粗纤维，能增进胃肠蠕动，辅助治疗便秘，预防肠癌。

②开胃消食：韭菜含有挥发性精油及硫化物等特殊成分，散发出一种独特的辛香气味，有助于疏调肝气，增进食欲，增强消化功能。

③行气导滞：韭菜的辛辣气味有散瘀活血、行气导滞作用，适用于跌打损伤、反胃、肠炎、吐血、胸痛等症的食疗。

▲ 食材处理

①取洗净的韭菜，摆放整齐，按适当长度切段。

②将韭菜依次切成同样长度的段状。

🌱 松仁炒韭菜

🔻 **材料** 韭菜120克，松仁80克，胡萝卜45克

🔻 **调料** 盐、鸡粉各2克，食用油适量

🔻 **做法**

❶ 洗净的韭菜切段；洗好去皮的胡萝卜切丁。

❷ 锅注水烧开，加入盐、胡萝卜搅匀，煮约半分钟捞出。

❸ 锅注油烧热，倒入松仁搅拌匀，略炸至熟透后捞出，沥干油。

❹ 锅留油，倒胡萝卜丁、韭菜、盐、鸡粉炒匀，倒入松仁炒至熟透即成。

🔺 **制作指导**

炸松仁时，宜选用小火，以免将松仁炸煳了。

🔺 **营养功效**

松仁含有黄酮类和多酚类，不仅能降血压，还能预防心脑血管疾病的发生。

油菜 { 活血化瘀 消肿解毒 }

热量：23千卡/100克　　每日食用量：约150克

性味归经	性温，味辛，归肝、脾经
主要营养	蛋白质，微量元素钙、磷、铁等，B族维生素，维生素C，胡萝卜素等
适宜人群	适宜口腔溃疡者，齿龈出血、牙齿松动者，瘀血腹痛者，癌症患者
不宜人群	孕早期妇女，小儿麻疹后期儿童，患有疥疮和狐臭的人慎食

🔺 相宜搭配及功效

油菜+鸡肉　　✅ 可强化肝功能

油菜+豆腐　　✅ 可增强免疫力

油菜+香菇　　✅ 同食防止便秘

油菜+金针菇　✅ 预防肠癌和胃癌

🔺 相克搭配及原因

油菜+山药　　❌ 降低食疗功效

油菜+黄瓜　　❌ 减少营养吸收

油菜+南瓜　　❌ 减少营养吸收

🔺 营养功效

①降血脂：油菜为低脂肪蔬菜，且含有膳食纤维，能与胆酸盐和食物中的胆固醇、三酰甘油结合，并从粪便中排出，从而减少人体对脂类的吸收，故可用来降血脂。

②增强免疫力：油菜含有大量胡萝卜素和维生素C，有助于增强机体免疫能力。

③防癌抗癌：油菜中所含的植物激素，能够增加酶的形成，可在一定程度上消除人体内的致癌物质，故有防癌功能。

🔺 食材处理

①取洗净的油菜，将根部切除。

②在根部切十字刀，约1厘米深。

虾菇油菜心

📋 **材料** 油菜100克，鲜香菇60克，虾仁50克，姜片、葱段、蒜末各少许

🥄 **调料** 盐、鸡粉各3克，料酒3毫升，水淀粉、食用油各适量

📖 **做法**

❶ 香菇洗净切片；虾去虾线，放盐、鸡粉、水淀粉拌匀，注油腌10分钟。

❷ 锅注水烧开，放盐、鸡粉、油菜煮1分钟捞出，放香菇煮半分钟捞出。

❸ 用油起锅，放姜片、蒜末、葱段爆香，倒入香菇、虾仁、料酒炒匀。

❹ 加盐、鸡粉炒片刻至食材熟透；取盘，摆上油菜、锅中的食材即成。

🔘 **制作指导**

油菜的根部最好切开后再焯煮，这样可以去除根部的涩口味道。

🔘 **营养功效**

油菜富含膳食纤维，有助于排出体内的毒素，改善人体的新陈代谢。

油菜炒牛肉

🔄 **材料** 油菜200克，牛肉100克，彩椒40克，姜末、蒜末、葱段各少许

🥄 **调料** 盐3克，鸡粉2克，料酒3毫升，生抽5毫升，水淀粉、食用油各适量

🔄 **做法**

① 彩椒洗净切块；油菜洗好切小瓣。

② 牛肉洗净切片，加生抽、盐、鸡粉、水淀粉拌匀。

③ 注入适量食用油，腌渍约15分钟。

④ 锅注水烧开，放油、油菜煮约半分钟捞出。

⑤ 用油起锅，倒牛肉翻炒至肉质松散。

⑥ 放入姜末、蒜末、葱段、彩椒、料酒炒至断生。

⑦ 倒入油菜、盐、鸡粉、生抽，炒匀调味。

⑧ 倒入水淀粉勾芡，盛出摆盘即成。

油菜氽猪肉丸

材料 猪肉丸150克，油菜160克，姜片、葱花各少许

调料 盐2克，鸡粉2克，胡椒粉、食用油各适量

做法

❶ 洗净的油菜切去多余叶子；猪肉丸切网格花刀。

❷ 锅注水烧开，倒入食用油、姜片、猪肉丸。

❸ 盖上盖，用小火煮2分钟，至猪肉丸熟透。

❹ 揭盖，放入处理好的油菜，拌匀。

❺ 加入适量盐、鸡粉、胡椒粉，拌匀调味。

❻ 放入葱花搅拌匀，装入碗中即可。

制作指导 油菜易熟，因此不要煮太久，以免影响成品口感。

营养功效 油菜含有钙、铁、胡萝卜素、维生素C、膳食纤维，不仅能清热解毒、润肠通便，还具有降脂降糖的功效。

芹菜

{ 平肝降压
镇静安神 }

热量：20千卡/100克　　　每日食用量：约50克

性味归经	性凉，味甘、苦，归肺、胃、肝经
主要营养	甘露醇，食物纤维，维生素A，维生素C，维生素P等
适宜人群	适宜甲亢、便秘、痛风、老年痴呆症、高血压、动脉硬化患者
不宜人群	肝硬化患者、脾胃虚寒者、血压偏低者、婚育期男士应少吃芹菜

相宜搭配及功效

芹菜+牛肉　　✓ 补脾胃，促食欲

芹菜+豆干　　✓ 排毒清肠

芹菜+虾肉　　✓ 增强体质

芹菜+核桃　　✓ 润肤美容、健美

相克搭配及原因

芹菜+牡蛎　　✗ 影响锌的吸收

芹菜+黄瓜　　✗ 降低营养价值

芹菜+螃蟹　　✗ 蛋白质吸收率下降

营养功效

①预防肠癌：芹菜是含纤维比较多的食物，它经肠内消化作用产生一种抗氧化剂——木质素，木质素可抑制肠内细菌产生致癌物质。

②降血压：芹菜所含有的芹菜素有降压作用。

③补血：芹菜含铁量较高，能补充妇女经血的损失，食之能避免皮肤苍白、干燥、面色无华。

④消肿利水：芹菜含有利尿有效成分，能消除体内钠的潴留，利尿消肿。

食材处理

①将摘去叶子的芹菜放在盛有清水的盆中。

②倒入少量的白醋，搅拌均匀后，浸泡10~15分钟。

③搓洗片刻，再用清水冲洗干净，沥干水备用。

芹菜拌豆腐干

材料 芹菜85克，豆腐干100克，彩椒80克，蒜末少许

调料 盐3克，鸡粉2克，生抽4毫升，芝麻油2毫升，陈醋5毫升，食用油适量

做法

❶ 豆腐干洗好切条；芹菜洗净切段；洗好的彩椒切条。

❷ 锅注水烧开，放少许盐、食用油、豆腐干搅拌匀，煮沸。

❸ 放入芹菜、彩椒拌匀，略煮片刻，捞出焯煮好的食材，沥干水分。

❹ 焯水的食材加蒜末、鸡粉、盐、生抽、芝麻油、陈醋搅拌片刻即可。

🔺制作指导

芹菜不易熟，可以多煮一会儿，或者切得细一些。

营养功效

豆腐干有助于清除附在血管壁上的胆固醇，预防血管硬化。

海带 { 降血压 化痰软坚 }

热量： 12千卡/100克　　**每日食用量：** 15～20克

性味归经	味咸，性寒，归肝、胃、肾经
主要营养	碳水化合物、蛋白质、碘、钾、烟酸、钙、铁
适宜人群	甲状腺肿大、高血压、冠心病、胆结石、脂肪肝、痔疮、痛风患者
不宜人群	肩周炎、甲状腺功能亢进患者慎食

▲ 相宜搭配及功效

海带+豆腐　　✔ 抑制脂肪吸收

海带+猪肉　　✔ 降低胆固醇

海带+冬瓜　　✔ 消除脂肪及胆固醇

▲ 相克搭配及原因

海带+猪血　　✖ 难以消化，易便秘

海带+咖啡　　✖ 降低铁的吸收

海带+柿子　　✖ 影响钙的吸收

▲ 营养功效

①预防乳腺增生：海带中含有大量的碘。碘可以刺激垂体，使女性体内雌激素水平降低，恢复卵巢的正常机能，纠正内分泌失调，消除乳腺增生的隐患。

②预防甲状腺肿大：甲状腺肿大最常见的原因是缺少微量元素——碘，而海带含有丰富的碘和碘化物，常食用可为人体补充碘，有预防甲状腺肿大的功效。

③减肥：海带几乎不含脂肪与热量，但它却含有丰富的矿物质和蛋白质，营养丰富，还可帮助消化、降低血脂，是健康减肥的理想食物。

▲ 食材处理

①将泡发好的海带放水盆中，用软毛刷轻轻刷洗。

②将海带涮洗至干净。

③再用流水将海带冲洗一遍，沥干水分即可。

芹菜拌海带丝

🔹 **材料** 水发海带100克，芹菜梗85克，胡萝卜35克

🔹 **调料** 盐3克，芝麻油5毫升，凉拌醋10毫升，食用油少许

🔹 **做法**

① 芹菜梗洗好切段；胡萝卜洗净去皮切丝；海带洗好切成粗丝。

② 锅注水烧开，加盐、食用油、海带、胡萝卜拌匀，煮约1分钟。

③ 再倒入芹菜梗搅拌匀，煮约半分钟捞出，沥干水分。

④ 焯过的食材加盐、凉拌醋、芝麻油，拌至入味即成。

🔹 **制作指导**

海带丝要切得整齐，这样做好的凉拌菜样式才美观。

🔹 **营养功效**

海带有清热润肺的作用，还有降低血压的作用，适合高血压患者食用。

素炒海带结

🍄 **材料** 海带结300克，香干80克，洋葱60克，彩椒40克，葱段少许

🥢 **调料** 盐2克，鸡粉2克，水淀粉4毫升，生抽、食用油各适量

🍲 **做法**

❶ 香干洗净切成条；彩椒洗好去子，切成条。

❷ 去皮洗净的洋葱切成条，备用。

❸ 锅中注水烧开，倒入食用油。

❹ 倒入洗净的海带结，煮约2分钟，捞出。

❺ 用油起锅，倒入香干、洋葱、彩椒炒匀。

❻ 放入焯过水的海带结，快速翻炒匀。

❼ 加入生抽、盐、鸡粉，炒匀调味。

❽ 倒入水淀粉，快速翻炒均匀即可。

淡菜海带冬瓜汤

材料 冬瓜300克，海带200克，水发淡菜150克，姜丝、葱花各少许

调料 盐、鸡粉各2克，料酒4毫升

做法

❶ 洗净去皮的冬瓜切成片；洗好的海带切小块。

❷ 砂锅注入水烧开，倒入淡菜、姜丝、料酒。

❸ 盖上盖，煮沸后用小火煮约20分钟。

❹ 揭盖，倒入冬瓜片，放入切好的海带，搅拌匀。

❺ 盖上盖，用小火续煮约20分钟至食材熟透。

❻ 加盐、鸡粉煮入味，盛出，撒葱花即成。

制作指导 砂锅中的水要一次性加足，中途不宜再加水，以免冲淡了汤汁的鲜味。

营养功效 冬瓜含有多种维生素、粗纤维及钙、磷、铁等成分，有清热解毒、利水消肿的功效。

花菜

{ 清化血管
解毒保肝 }

热量：20千卡/100克　　每日食用量：约50克

性味归经	性凉，味甘，归胃、肝、肺经
主要营养	蛋白质，维生素C，维生素E，纤维素，微量元素钾、钠、钙等
适宜人群	一般人群均可食用，尤适宜食欲不振者、大便干结者、青少年儿童
不宜人群	尿路结石、红斑狼疮患者忌食

相宜搭配及功效

花菜+胡萝卜　　✅ 防癌抗癌

花菜+香菇　　✅ 促进排毒

花菜+西红柿　✅ 降血脂、降血压

花菜+猪肉　　✅ 提高蛋白质吸收率

相克搭配及原因

花菜+猪肝　　❌ 阻碍铁、锌吸收

花菜+黄瓜　　❌ 维生素C会被破坏

花菜+牛奶　　❌ 阻碍钙的消化吸收

营养功效

①增强免疫力：花菜能很好地补充身体所需的营养成分，从而增强身体免疫力，具有强身健体的功效。

②防癌抗癌：花菜含有抗氧化的微量元素，长期食用可减少癌症的发病率，被称为"十大绿色蔬菜"之一，具有很好的食疗保健功效。

③降低胆固醇：花菜含有较多的类黄酮，可防治感染和清理血管。

④助消化：花菜还含有粗纤维，可疏通肠胃，促进肠胃蠕动。

食材处理

①将花菜从中间切开，一分为二，根部切去。

②依着花菜的小柄，将花菜分解成小朵。

茄汁花菜

🔸 **材料** 花菜200克，红椒30克，蒜末、葱段各少许

🔹 **调料** 盐3克，白糖4克，番茄酱12克，食用油少许

🔘 **做法**

❶ 红椒洗净去子切块；花菜洗好切朵；锅注水烧开，放盐、油。

❷ 倒入花菜拌匀，煮半分钟，下入红椒，再煮1分钟，捞出。

❸ 锅注油烧热，倒入蒜末爆香，下花菜和红椒翻炒均匀。

❹ 放番茄酱、水炒匀，加盐、白糖炒入味，放葱段翻炒熟即可。

🔺 **制作指导**

若家中没有番茄酱，可用西红柿代替，口感也不错。

🔺 **营养功效**

花菜富含维生素C，可增强肝脏解毒能力，提高机体的免疫力，预防感冒。

彩椒木耳烧花菜

材料 花菜130克，彩椒70克，水发木耳40克，姜片、葱段各少许

调料 盐、鸡粉各3克，蚝油5克，料酒4毫升，水淀粉、食用油各适量

做法

❶ 洗净的木耳切块；洗好的花菜切朵；洗净的彩椒切块。

❷ 锅注水烧开，加盐、鸡粉、木耳、花菜煮5分钟，放彩椒煮半分钟捞出。

❸ 用油起锅，放姜片、葱段爆香，倒入焯过水的食材、料酒炒匀。

❹ 加鸡粉、盐、蚝油炒匀调味，倒入水淀粉勾芡即成。

制作指导

焯煮木耳时，可以撒入少许小苏打，这样木耳的口感会更松软。

营养功效

花菜含有类黄酮，能防止血小板凝结成块，对保护心脏、降血压有益。

糖醋花菜

🌱 **材料** 花菜350克，红椒35克，蒜末、葱段各少许

🧂 **调料** 番茄汁25克，盐3克，白糖4克，料酒4毫升，水淀粉、食用油各适量

▶ **做法**

①洗净的花菜切成小朵；洗好的红椒去子，切成小块。

②锅注水烧开，加盐、花菜拌匀，煮1分30秒，倒入红椒块再煮半分钟捞出。

③用油起锅，放蒜末、葱段爆香，倒入煮过的食材炒匀，淋料酒炒香，加水、番茄汁、白糖拌至糖溶化，加盐炒匀，倒入水淀粉勾芡即成。

☁ 制作指导

调味时，要先放白糖再加入盐，这样可以使糖分渗入到花菜中。

火腿花菜

🌱 **材料** 火腿80克，花菜200克，姜片、蒜末、葱段各少许

🧂 **调料** 盐3克，鸡粉2克，水淀粉2克，食用油适量

▶ **做法**

①将洗净的花菜切成小朵；洗好的火腿切成片。

②锅注水烧开，加盐、食用油、花菜，煮1分30秒后捞出，备用。

③用油起锅，下入姜片、蒜末爆香，放入火腿片拌炒香，倒入焯过水的花菜翻炒均匀。

④加入清水、盐、鸡粉炒匀调味，倒入适量水淀粉勾芡，撒上葱段炒匀即可。

☁ 制作指导

火腿本身含有较多的盐分，所以炒制此菜时盐可以少放。

西蓝花

{ 防癌抗癌
增强免疫力 }

热量：33千卡/100克　　每日食用量：每次100克

性味归经	性凉，味甘，归肾、脾、胃经
主要营养	蛋白质，脂肪，维生素，胡萝卜素及钙、磷、铁、钾、锌、锰等微量元素
适宜人群	一般人群均可食用
不宜人群	红斑狼疮患者忌食

相宜搭配及功效

西蓝花+胡萝卜　　✓ 增强体质

西蓝花+西红柿　　✓ 防癌抗癌

西蓝花+枸杞　　✓ 促进营养吸收

相克搭配及原因

西蓝花+牛奶　　✗ 影响钙质吸收

西蓝花+西葫芦　　✗ 破坏维生素C

西蓝花+猪肝　　✗ 影响微量元素吸收

营养功效

①防癌抗癌：西蓝花能给人体提供一定量的维生素C和胡萝卜素，阻止细胞癌变，可有效防癌抗癌。

②增强免疫力：西蓝花含有大量的抗坏血酸，可以提高人体内杀菌能力，增强免疫力。

③抗衰老：西蓝花含有的大量抗氧化剂，如维生素A、维生素E等，能有效吞噬导致衰老的自由基。

④增强记忆力：西蓝花还含有多种营养物质，能有效促进人体生长发育，增强记忆力。

食材处理

①取洗净的西蓝花，将花朵切下来，对半切开。

②按同样的方法，依次将其他的朵切开即可。

杏鲍菇扣西蓝花

材料 杏鲍菇120克，西蓝花300克，白芝麻、姜片、葱段各少许

调料 盐5克，鸡粉2克，蚝油8克，陈醋、生抽、料酒、水淀粉、食用油适量

做法

❶ 杏鲍菇洗净切片；西蓝花洗好切块；锅注水烧开，倒油、盐、西蓝花。

❷ 煮1分钟，捞出西蓝花摆盘；再倒入杏鲍菇煮沸，加料酒拌匀捞出。

❸ 用油起锅，放姜、葱爆香，放杏鲍菇炒匀，加料酒、生抽、蚝油、水。

❹ 放盐、鸡粉、陈醋炒匀，加水淀粉勾芡，盛盘，撒上白芝麻即可。

制作指导

西蓝花焯水的时间不宜太长，以免影响其脆嫩口感和破坏营养价值。

营养功效

杏鲍菇可以提高机体免疫功能，具有降血压、润肠胃等功效。

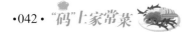

洋葱西蓝花炒牛柳

材料 西蓝花300克，牛肉200克，洋葱45克，姜片、葱段各少许

调料 盐、鸡粉、蚝油、白糖、小苏打、老抽、生抽、料酒、水淀粉、食用油各适量

做法

① 洗净的西蓝花切朵；洗好的洋葱、牛肉切丝。

② 牛肉加小苏打、生抽、盐、鸡粉、水淀粉拌匀。

③ 注油腌渍约10分钟；锅注水烧开，放油、盐。

④ 倒西蓝花煮1分钟捞出，倒入牛肉煮变色捞出。

⑤ 用油起锅，放姜、葱、洋葱炒香，放牛肉炒几下。

⑥ 淋料酒炒匀，加生抽、蚝油、盐、鸡粉、白糖炒匀。

⑦ 加老抽炒匀，倒入水淀粉勾芡。

⑧ 取盘，放西蓝花摆好，盛入锅中的菜肴即成。

西蓝花腰果炒虾仁

材料 西蓝花300克，虾仁70克，彩椒、腰果、姜片、蒜末、葱段各适量

调料 盐4克，鸡粉3克，水淀粉8毫升，料酒10毫升，食用油适量

做法

① 西蓝花洗净切成小朵；彩椒洗好去子切成小块。

② 虾仁去虾线，加盐、鸡粉、水淀粉、油腌10分钟。

③ 锅注水烧开，加盐、油、西蓝花煮1分钟捞出装盘。

④ 放虾仁汆片刻捞出；锅注油烧热，放腰果炸成黄色。

⑤ 锅留油，倒入姜片、蒜末、葱段、彩椒、虾仁。

⑥ 加料酒、盐、鸡粉、水淀粉、腰果炒片刻即可。

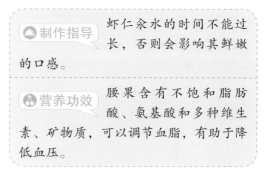

制作指导 虾仁汆水的时间不能过长，否则会影响其鲜嫩的口感。

营养功效 腰果含有不饱和脂肪酸、氨基酸和多种维生素、矿物质，可以调节血脂，有助于降低血压。

苦瓜

{ 清热消暑
养血益气 }

热量：19千卡/100克　　每日食用量：约80克

性味归经	性寒，味苦，归心、肝、脾、胃经
主要营养	类胰岛素，维生素C，粗纤维，胡萝卜素和钙、磷、铁等微量元素
适宜人群	一般人群均可以食用，尤其适宜糖尿病、癌症患者
不宜人群	苦瓜性寒凉，脾胃虚寒者不宜食用

相宜搭配及功效

苦瓜+辣椒　✓ 排毒瘦身

苦瓜+鸡蛋　✓ 对骨骼、牙齿有益

苦瓜+瘦肉　✓ 补血养身

苦瓜+猪肝　✓ 清热、补肝明目

相克搭配及原因

苦瓜+黄瓜　✗ 降低营养价值

苦瓜+牛奶　✗ 不利于营养吸收

苦瓜+南瓜　✗ 降低营养价值

营养功效

①防癌抗癌：苦瓜蛋白质成分和大量维生素能提高机体免疫，使免疫细胞杀灭癌细胞。

②抑制糖尿病：苦瓜中含有类似胰岛素的物质，有明显地降低血糖的作用。

③增进食欲：苦瓜含有苦瓜苷和苦味素，可增进食欲，健脾开胃。

④清热消炎：苦瓜含有生物碱类物质奎宁，能消炎退热、清心明目。

⑤保护皮肤：苦瓜还含有丰富的维生素，对皮肤有很好的养护作用。

食材处理

①取苦瓜条，第一刀用斜刀切，第二刀用直刀。

②依次先斜再直，将苦瓜切成三角块。

苦瓜炒马蹄

🥦 **材料** 苦瓜120克，马蹄肉100克，蒜末、葱花各少许

🧂 **调料** 盐3克，鸡粉2克，白糖3克，水淀粉、食用油各适量

👨‍🍳 **做法**

❶ 洗好的马蹄切片；洗净的苦瓜去瓤切片，加盐拌至变软，腌渍20分钟。

❷ 锅注水烧开，倒入苦瓜拌匀，煮约1分钟捞出。

❸ 用油起锅，下入蒜末爆香，放马蹄、苦瓜炒至断生。

❹ 加盐、鸡粉、白糖炒匀，淋水淀粉勾芡，撒葱花炒匀即成。

🔹 **制作指导**

焯煮好的苦瓜用凉开水冲一下，可以去除残留的苦味。

🔹 **营养功效**

苦瓜具有清热祛暑、解劳清心、增强免疫力等功效。

🌱 芝麻苦瓜拌海蜇

🔗 **材料** 苦瓜200克，海蜇丝100克，彩椒40克，熟白芝麻10克

🥄 **调料** 鸡粉2克，白糖3克，盐少许，陈醋5毫升，芝麻油2毫升，食用油适量

💬 **做法**

❶ 洗净的苦瓜去子，切条；洗净的彩椒切片，再切成条。

❷ 锅注水烧开，倒入洗净的海蜇搅散，放入食用油，煮1分钟。

❸ 加入苦瓜、彩椒，拌匀，煮1分钟，至其断生捞出。

❹ 焯水的食材加盐、鸡粉、白糖、陈醋、芝麻油拌匀，撒白芝麻即可。

☁ **制作指导**

苦瓜去子后可以再将里面白色的瓤刮掉，这样可以降低苦瓜的苦味。

☁ **营养功效**

苦瓜可以强化毛细血管，促进血液循环，预防动脉硬化。

肉末苦瓜条

材料 苦瓜200克，红椒15克，肉末90克，姜片、蒜末、葱段各少许

调料 盐2克，鸡粉2克，小苏打、料酒、生抽、水淀粉、食用油各适量

做法

①洗净的苦瓜去子，切成条；洗好的红椒切成圈。

②锅注水烧开，放小苏打、苦瓜煮2分钟，至其断生捞出。

③用油起锅，倒入肉末炒转色，放姜片、蒜末、葱段炒香，倒生抽炒匀，淋料酒拌炒匀，放入苦瓜、红椒翻炒匀。

④加入盐、鸡粉炒匀调味，倒入水淀粉勾芡即可。

制作指导

苦瓜质地较嫩，所以不宜炒制过久，以免影响其脆嫩的口感。

豆腐干炒苦瓜

材料 苦瓜250克，豆腐干100克，红椒30克，姜片、蒜末、葱白各少许

调料 盐、鸡粉各2克，白糖3克，水淀粉、食用油各适量

做法

①洗净的苦瓜去瓤，切丝；洗好的豆腐干切丝；洗净的红椒去子，切丝。

②锅注油烧热，倒入豆腐干，待发出香味后捞出。

③锅底留油，放姜片、蒜末、葱白爆香，倒入苦瓜丝炒匀，加入盐、白糖、鸡粉调味，注水炒至苦瓜变软。

④放入豆腐干炒匀，撒红椒炒断生，倒水淀粉勾芡即成。

制作指导

豆腐干用小火炸一小会儿即可，以免将其炸老了。

黄瓜

{ 解毒消肿 生津止渴 }

热量：15千卡/100克　　每日食用量：100～500克

性味归经	性凉，味甘，归肺、胃、大肠经
主要营养	蛋白质、糖类、B族维生素、维生素C、维生素E、多种微量元素
适宜人群	一般人群均可食用，热病患者，高血压、高血脂、癌症患者可以多食
不宜人群	脾胃虚弱、腹痛腹泻、肺寒咳嗽者都应少吃

相宜搭配及功效

黄瓜+黑木耳　✔ 排毒瘦身

黄瓜+鱿鱼　✔ 增强免疫力

黄瓜+醋　✔ 有开胃消食的作用

黄瓜+蒜　✔ 清除脂肪、排毒

相克搭配及原因

黄瓜+小白菜　✘ 破坏维生素C

黄瓜+花菜　✘ 破坏维生素C

黄瓜+西红柿　✘ 影响维生素C吸收

营养功效

①抗肿瘤：黄瓜中含有的葫芦素C，具有提高人体免疫功能的作用，经常食用黄瓜，可达到抗肿瘤目的。

②抗衰老：黄瓜中含有丰富的维生素E，可起到延年益寿、抗衰老的作用。

③减肥：黄瓜中所含的丙醇二酸，可抑制糖类物质转变为脂肪。

④安神：黄瓜含有维生素B_1，对改善大脑和神经系统功能有利，能安神定志。

⑤降血糖：黄瓜中所含的葡萄糖苷、果糖等不参与通常的糖代谢，血糖非但不会升高，反而会降低。

食材处理

①黄瓜放水中，倒果蔬清洗剂，浸泡15分钟左右。

②用手搓洗一下。

③用清水冲洗几遍，沥干水即可。

黄瓜酿肉

🌱 **材料** 猪肉末150克，黄瓜200克，葱花少许

🥄 **调料** 鸡粉2克，盐少许，生抽3毫升，生粉3克，水淀粉、食用油各适量

🍳 **做法**

❶ 黄瓜洗净去皮切段，做黄瓜盅；肉末加鸡粉、盐、生抽、水淀粉拌匀。

❷ 锅中注水烧开，加入食用油，放入黄瓜盅拌匀，煮至断生捞出。

❸ 在黄瓜盅内抹上少许生粉，放入猪肉末，备用。

❹ 蒸锅注水烧开，放入备好的食材，蒸5分钟至熟取出，撒上葱花即可。

🔺 **制作指导**
此菜可以蒸得稍微久一点，以免猪肉蒸不熟。

🔶 **营养功效**
猪肉具有促进生长发育、改善缺铁性贫血、增强记忆力等功效。

醋熘黄瓜

材料 黄瓜200克，彩椒45克，青椒25克，蒜末少许

调料 盐2克，白糖3克，白醋4毫升，水淀粉8毫升，食用油适量

做法

1. 洗净的彩椒、青椒去子，切成小块；洗净去皮的黄瓜去子，斜刀切小块。

2. 用油起锅，放入蒜末爆香，倒入黄瓜、青椒块、彩椒块翻炒至熟软。

3. 放入盐、白糖、白醋，炒匀调味。

4. 淋入适量水淀粉快速翻炒均匀，装入盘中即可。

制作指导

黄瓜不宜炒制过久，以免破坏其所含的维生素。

营养功效

黄瓜具有增强免疫力、延缓衰老、降血糖、降血脂、安神定志等功效。

黄瓜拌花甲肉

材料 黄瓜200克，花甲肉90克，香菜15克，胡萝卜100克，姜末、蒜末各少许

调料 盐3克，鸡粉2克，料酒8毫升，白糖3克，生抽8毫升，陈醋8毫升，芝麻油2毫升

做法

① 洗净去皮的胡萝卜切成丝；洗好的香菜切段；洗净的黄瓜切丝。

② 砂锅注水烧开，放入料酒、盐、胡萝卜、花甲肉煮1分钟捞出。

③ 黄瓜装碗，加胡萝卜和花甲，倒入姜末、蒜末、香菜、盐、鸡粉、白糖、生抽、陈醋、芝麻油拌匀调味即可。

制作指导

花甲肉偏咸，口味清淡者可以不放盐。

腐竹黄瓜汤

材料 水发腐竹200克，黄瓜220克，葱花少许

调料 盐3克，鸡粉2克，胡椒粉、食用油各适量

做法

① 洗净的黄瓜去皮去子，切成小块。

② 用油起锅，放入黄瓜翻炒片刻，倒入适量清水，盖上盖，用大火烧开。

③ 揭盖，放入泡发好的腐竹，盖上锅盖，用小火煮约2分钟。

④ 揭盖，加入盐、鸡粉、胡椒粉搅拌匀装碗，撒上葱花即成。

制作指导

泡发腐竹时，最好选用温水，而且入锅前一定要清洗干净。

南瓜 ｛消炎止痛 解毒杀虫｝

热量：22千卡/100克　　　每日食用量：约100克

性味归经	性温，味甘，归脾、胃经
主要营养	淀粉、蛋白质、胡萝卜素、B族维生素、维生素C和多种微量元素
适宜人群	一般人群均可食用，尤其适宜肥胖者、糖尿病患者和中老年人食用
不宜人群	胃热炽盛、湿热气滞者少吃，患有脚气、黄疸、气滞湿阻病者忌食

相宜搭配及功效

南瓜+红枣		✓ 补中益气
南瓜+猪肉		✓ 补肾养血
南瓜+绿豆		✓ 清热、生津止渴
南瓜+莲子		✓ 降低血压

相克搭配及原因

南瓜+羊肉		✗ 引发黄疸和脚气
南瓜+虾		✗ 痢疾
南瓜+油菜		✗ 破坏维生素C

营养功效

①健脾护肝：南瓜含有丰富的胡萝卜素和维生素C，可以健脾、预防胃炎、防治夜盲症、护肝、使皮肤变得细嫩，并有中和致癌物质的作用。

②促进发育：南瓜中含有丰富的微量元素锌，为人体生长发育的重要物质。

③预防糖尿病：南瓜富含钴，钴参与人体内维生素B的合成，是人体胰岛素细胞必需的微量元素，可防治糖尿病，降低血糖。

④帮助消化：南瓜分泌的胆汁可以帮助我们促进肠胃蠕动，帮助食物消化。

食材处理

①取一截去皮去瓤的南瓜段，然后竖着一分为二。

②将南瓜顶刀切成厚片，再切成条即可。

土豆炖南瓜

材料 南瓜300克，土豆200克，蒜末、葱花各少许

调料 盐2克，鸡粉2克，蚝油10克，水淀粉5毫升，芝麻油2克，食用油适量

做法

❶ 洗净去皮的土豆切成丁；洗好去皮的南瓜切成小块。

❷ 用油起锅，放入蒜末爆香，放入土豆丁炒匀，倒南瓜炒均匀。

❸ 注水，加盐、鸡粉、蚝油炒匀，小火焖煮约8分钟，至食材熟软。

❹ 大火收汁，倒入水淀粉勾芡，淋芝麻油装盘，撒上葱花即成。

制作指导

锅中注入的清水以刚没过食材为佳，这样焖煮好的菜肴口感才松软。

营养功效

南瓜含有钙、钾、磷、镁、甘油酸等营养成分，具有降低血压的功效。

冬瓜 { 减肥降脂 润肤美容 }

热量：14千卡/100克　　每日食用量：约60克

性味归经	性微寒，味甘淡，归肺、大小肠、膀胱经
主要营养	胡萝卜素，多种维生素，粗纤维和微量元素钙、磷、铁等
适宜人群	一般人群均可食用，适宜肾病、水肿、癌症、高血压、糖尿病者多食
不宜人群	冬瓜性寒凉，脾胃虚弱、肾脏虚寒、阳虚肢冷者忌食

相宜搭配及功效

冬瓜+鸡肉	✓	清热利尿、美容
冬瓜+海带	✓	降血压、降血脂
冬瓜+蘑菇	✓	可利水消肿
冬瓜+火腿	✓	可利小便

相克搭配及原因

冬瓜+醋	✕	降低营养价值
冬瓜+山竹	✕	易损伤阳气
冬瓜+猪肝	✕	降低营养价值

营养功效

①减肥瘦身：冬瓜中所含的丙醇二酸，能有效地抑制糖类转化为脂肪，加之冬瓜本身不含脂肪，热量不高，是非常有效的减肥食品。

②消肿：冬瓜含维生素C较多，而且钾盐含量较高，钠盐含量较低，肾脏病、浮肿病等患者食之，可达到消肿而不伤正气的作用。

③抗衰老：冬瓜还含有多种氨基酸，有养护皮肤、防衰老的作用。

食材处理

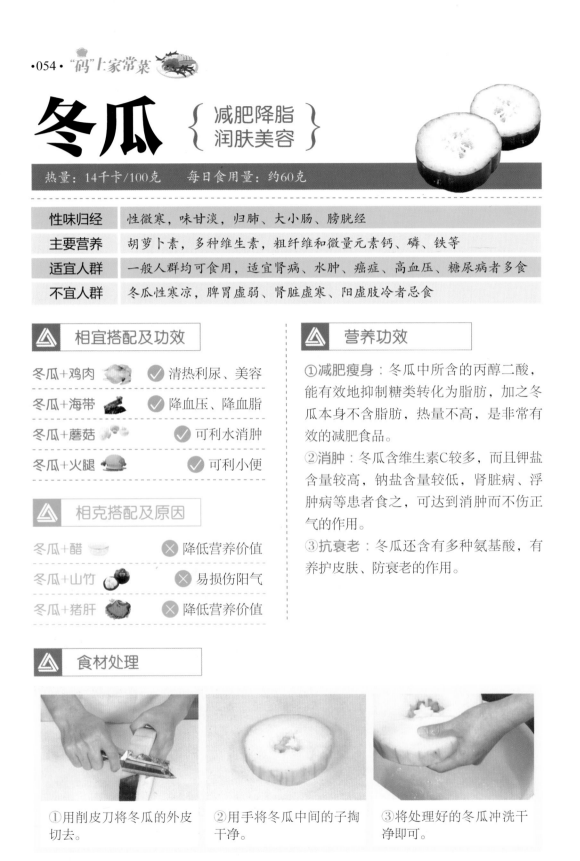

①用削皮刀将冬瓜的外皮切去。

②用手将冬瓜中间的子掏干净。

③将处理好的冬瓜冲洗干净即可。

冬瓜烧香菇

材料 冬瓜200克，鲜香菇45克，姜片、葱段、蒜末各少许

调料 盐2克，鸡粉2克，蚝油5克，食用油适量

做法

① 洗好的冬瓜切成丁；洗净的香菇切成小块。

② 锅注水烧开，加油、盐、冬瓜煮约1分钟，倒入香菇煮约半分钟捞出。

③ 锅注油烧热，放入姜片、葱段、蒜末爆香，倒入焯过水的食材炒均匀。

④ 加水、盐、鸡粉、蚝油，用中火煮至入味，倒入适量水淀粉勾芡即可。

制作指导

冬瓜不要在锅中煮太久，以免煮化了影响口感。

营养功效

冬瓜具有润肺生津、化痰止咳、清热祛暑、解毒排脓等功效。

果味冬瓜

🌰 **材料** 冬瓜600克，橙汁50克

🍶 **调料** 蜂蜜15克

🍵 **做法**

❶ 去皮洗净的冬瓜去瓜瓤，掏取果肉，制成冬瓜丸子。

❷ 锅中注水烧开，倒入冬瓜丸子，用中火煮约2分钟捞出。

❸ 用干毛巾吸干冬瓜丸子表面的水分，放入碗中。

❹ 倒入橙汁、蜂蜜搅拌匀，静置约2小时至其入味即成。

🔺 **制作指导**

冬瓜丸子不能太大，否则不易入味。

🔶 **营养功效**

冬瓜含有多种矿物质和维生素，具有美容补水、护肤润色等功效。

🌱 海带冬瓜烧排骨

🔰 材料 海带80克，排骨400克，冬瓜180克，八角、花椒、姜片、蒜末、葱段各少许

🔰 调料 料酒8毫升，生抽4毫升，白糖3克，水淀粉2毫升，芝麻油2毫升，盐、食用油各适量

🔰 做法

①冬瓜洗净去皮切块；海带洗好切块。

②锅注水烧开，倒入排骨煮沸捞出。

③用油起锅，放八角、姜片、蒜末、葱段爆香，倒入排骨炒均匀，放花椒、料酒、生抽炒匀，倒水煮沸，用小火焖15分钟，倒入切好的冬瓜、海带。

④用小火再焖10分钟，加盐、白糖炒匀，倒入水淀粉、芝麻油炒匀即可。

🔰 制作指导

冬瓜宜多煮一会儿，这样会更易入味，口感更佳。

🌱 冬瓜虾米汤

🔰 材料 冬瓜400克，虾米40克，姜片、葱花各少许

🔰 调料 盐2克，鸡粉3克，胡椒粉、食用油各适量

🔰 做法

①洗净去皮的冬瓜切成条。

②用油起锅，放姜片、虾米炒出香味。

③淋入料酒炒匀提鲜，倒水煮沸，放入冬瓜，用大火煮2分钟。

④放入盐、鸡粉、胡椒粉搅入味。

⑤盛出装碗即可。

🔰 制作指导

煮冬瓜的时间不宜太长，以免将冬瓜煮得太软烂。

丝瓜

{ 凉血解毒
通筋活络 }

热量：20千卡/100克　　每日食用量：约60克

性味归经	性凉，味甘，归肝、胃经
主要营养	维生素C，维生素A，胡萝卜素，蛋白质等
适宜人群	一般人群均可食用，月经不调、产后乳汁不通的妇女适宜多吃丝瓜
不宜人群	体虚内寒、腹泻者不宜多食

相宜搭配及功效

丝瓜+鸡蛋	✓ 滋阴润燥
丝瓜+毛豆	✓ 清热祛痰
丝瓜+虾	✓ 养心润肺
丝瓜+菊花	✓ 清热养颜

相克搭配及原因

丝瓜+泥鳅	✕ 降低营养
丝瓜+竹笋	✕ 降低营养
丝瓜+芦荟	✕ 易引起腹泻

营养功效

①美容养颜：丝瓜中含防止皮肤老化的B族维生素，增白皮肤的维生素C等成分，能滋润皮肤、消除斑块，使皮肤洁白、细嫩。

②防癌抗癌：丝瓜独有的干扰素诱生剂，可起到刺激肌体产生干扰素，起到抗病毒、防癌抗癌的作用。

③强心：丝瓜还含有皂苷类物质，具有一定的强心作用。

④抗过敏：丝瓜组织培养细胞中的泻根醇酸有抗过敏的功效。

食材处理

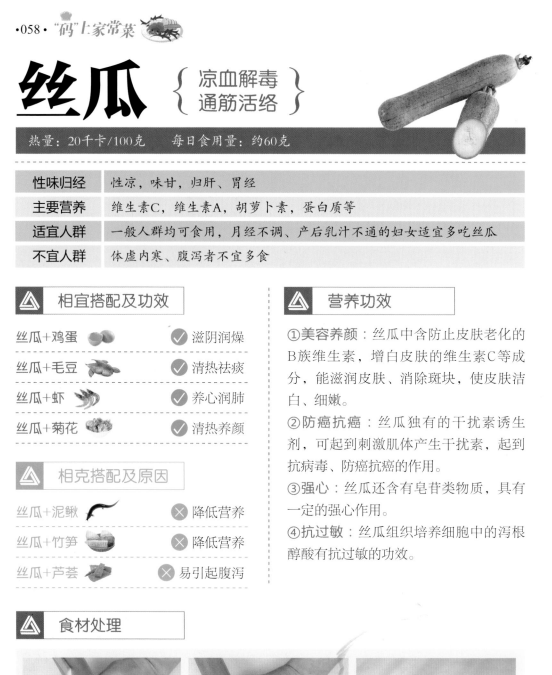

①取洗净的丝瓜，依次切成均匀的片状。

②将片摆放整齐，用刀切丝状即可。

 丝瓜烧花菜

🍲 **材料** 花菜180克，丝瓜120克，西红柿100克，蒜末、葱段各少许

🥄 **调料** 盐3克，鸡粉2克，料酒4毫升，水淀粉6毫升，食用油适量

🍳 **做法**

❶ 将洗净的丝瓜切块；洗好的花菜切朵；洗净的西红柿切块。

❷ 锅注水烧开，加入食用油、盐、花菜拌匀，煮5分钟，捞出。

❸ 用油起锅，放入蒜末、葱段大火爆香，倒入丝瓜、西红柿炒匀。

❹ 倒花菜、料酒、水、盐、鸡粉炒匀，倒水淀粉勾芡即成。

🔺 **制作指导**

花菜的根部口感较差，可将其切除。

🔺 **营养功效**

丝瓜有活血通络的功效，对高血压有很好的食疗作用。

丝瓜烧豆腐

材料 豆腐200克，丝瓜130克，蒜末、葱花各少许

调料 盐3克，鸡粉2克，老抽2毫升，生抽5毫升，水淀粉、食用油各适量

做法

① 洗净的丝瓜切小块；洗好的豆腐切开，再切小方块。

② 锅注水烧开，加入盐、豆腐煮约半分钟，捞出沥干水分，待用。

③ 用油起锅，放蒜末爆香，倒丝瓜、水、豆腐、盐、鸡粉、生抽拌煮沸。

④ 倒老抽煮约1分钟，倒水淀粉勾芡，装盘，撒上葱花即成。

制作指导
淋入老抽，拌匀上色后最好盖上锅盖，这样可缩短烹饪的时间。

营养功效
丝瓜有清热解渴、清暑凉血的作用，还能扩张血管、缓解血管压力。

肉末蒸丝瓜

材料 肉末80克，丝瓜150克，葱花少许

调料 盐、鸡粉、老抽各少许，生抽、料酒各2毫升，水淀粉、食用油各适量

做法

①洗净去皮的丝瓜切成棋子状的小段。

②用油起锅，倒入肉末炒至变色，淋入料酒炒香，倒入生抽、老抽炒匀上色，加鸡粉、盐炒匀，倒入水淀粉炒匀，制成酱料。

③取一盘，放好丝瓜段，放上酱料铺匀，用大火蒸约5分钟，取出蒸好的食材，撒上葱花，浇上热油即成。

制作指导

丝瓜摆好后用牙签刺几个孔，蒸的时候更易入味。

蚝油丝瓜

材料 丝瓜200克，彩椒50克，姜片、蒜末、葱段各少许

调料 盐2克，鸡粉2克，蚝油6克，水淀粉、食用油各适量

做法

①洗净去皮的丝瓜切成小块；洗好的彩椒去子，切成小块。

②锅注油，放入姜片、蒜末、葱段爆香，倒入彩椒、丝瓜炒均匀，加水翻炒至食材熟软。

③加入盐、鸡粉炒匀，放入蚝油炒匀调味，用大火收汁，倒入水淀粉快速翻炒均匀。

④将炒好的菜盛出，装入盘中即可。

制作指导

丝瓜清甜脆嫩，炒制时蚝油不要加太多，以免影响成品口感。

西红柿

{ 健胃消食
润肠通便 }

热量：18千卡/100克　　每日食用量：2～3个

性味归经	性平，味甘、酸，归肝、胃、肺经
主要营养	胡萝卜素，番茄碱和维生素A，维生素C及钙、镁、钾等微量元素
适宜人群	一般人都适宜，特别是高血压、急慢性肾炎、近视眼患者适宜食用
不宜人群	脾胃虚寒、月经期间不宜进食

相宜搭配及功效

西红柿+鸡蛋　　✓ 滋阴养血

西红柿+牛奶　　✓ 提高营养的吸收

西红柿+花菜　　✓ 预防心血管疾病

西红柿+土豆　　✓ 增强细胞活性

相克搭配及原因

西红柿+黄瓜　　✗ 会破坏营养

西红柿+鱼肉　　✗ 抑制营养吸收

西红柿+螃蟹　　✗ 导致过敏

营养功效

①美容抗皱：西红柿中含有丰富的抗氧化剂，而抗氧化剂可以防止自由基对皮肤的破坏，具有美容抗皱的效果。

②促进消化：西红柿所含苹果酸、柠檬酸等有机酸，能促使胃液分泌，促进脂肪及蛋白质的消化。

③预防白内障：西红柿所含维生素A、维生素C可预防白内障，还对夜盲症有一定的防治效果。

④延缓衰老：番茄红素具有抗氧化的作用，能清除体内自由基，增强人体免疫力，延缓衰老。

食材处理

①取洗净的西红柿，将蒂部切除。

②将整个西红柿都切成薄片即可。

西红柿烩花菜

🔸 **材 料** 西红柿100克，花菜140克，葱段少许

🔹 **调 料** 盐4克，鸡粉2克，番茄酱10克，水淀粉5毫升，食用油适量

🔲 **做 法**

❶ 洗净的花菜切成小朵；洗好的西红柿切成块，备用。

❷ 锅注水烧开，加盐、食用油、花菜煮1分钟捞出，沥干水分。

❸ 用油起锅，倒入西红柿炒片刻，放花菜炒均匀，注水。

❹ 加盐、鸡粉、番茄酱煮1分钟，倒水淀粉、葱段炒匀盛出，撒葱段即可。

🔺 **制作指导**

花菜不容易入味，在放完调料后可以多煮一会儿以便更入味。

🔺 **营养功效**

花菜可以增强机体免疫力，降低胆固醇含量，有助于降低血压。

西红柿土豆炖牛肉

🍲 **材料** 牛肉200克，土豆、西红柿、八角、香叶、姜片、蒜末、葱段各少许

🧂 **调料** 盐3克，鸡粉、生抽、水淀粉、料酒、番茄酱、小苏打、食用油各适量

🍳 **做法**

❶ 土豆洗净去皮切丁；西红柿洗好切小块。	❷ 牛肉洗净切丁，加入小苏打、生抽、盐拌匀。
❸ 牛肉淋水淀粉拌匀，加入食用油，腌渍10分钟。	❹ 锅注水烧开，倒牛肉丁煮沸，汆去血水捞出。
❺ 用油起锅，放姜、蒜、葱、八角、香叶翻炒香。	❻ 倒牛肉、料酒、生抽、西红柿、土豆，翻炒匀。
❼ 加盐、鸡粉、水、番茄酱炒匀，小火炖20分钟。	❽ 大火收汁，淋水淀粉勾芡即可。

西红柿洋葱炒蛋

材料 西红柿100克，鸡蛋2个，洋葱95克，葱花少许

调料 盐3克，鸡粉2克，水淀粉4毫升，食用油适量

做法

❶ 洋葱去皮洗净切块；西红柿洗好，切块。

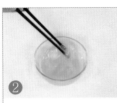
❷ 鸡蛋打入碗中，加入少许盐，打散、调匀。

❸ 用油起锅，倒入调好的蛋液，炒至熟盛出。

❹ 锅留油，倒入洋葱、西红柿、鸡蛋炒匀。

❺ 加水、盐、鸡粉，炒匀调味。

❻ 倒水淀粉勾芡盛出，撒上葱花即可盛出。

制作指导 西红柿可以多翻炒一会儿再倒入鸡蛋，这样会让菜肴的汁水更多。

营养功效 洋葱含有的前列腺素A能扩张血管，降低血液黏稠度。常食洋葱会产生降血压、排除胆固醇的功效，适合高血压患者食用。

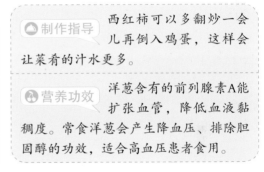

茄子

{ 降低胆固醇
防治胃癌 }

热量：24千卡/100克　　每日食用量：约85克

性味归经	性凉，味甘，归脾、胃、大肠经
主要营养	蛋白质，脂肪，碳水化合物，维生素P，多种微量元素
适宜人群	一般人群均可食用，对于容易长痱子、生疮疖的人尤为适宜
不宜人群	茄子性凉，脾胃虚寒、消化不良的人不宜多吃

相宜搭配及功效

茄子+猪肉　　✅ 降低胆固醇

茄子+黄豆　　✅ 养血健脾

茄子+牛肉　　✅ 促进营养吸收

茄子+苦瓜　　✅ 改善心血管病症

相克搭配及原因

茄子+螃蟹　　❌ 易导致肠胃虚寒

茄子+墨鱼　　❌ 同食伤脾胃

营养功效

①保护心血管：茄子含丰富的维生素P，这种物质能增强人体细胞间的附着力，增强毛细血管的弹性，减低毛细血管的脆性及渗透性，防止微血管破裂出血，使心血管保持正常的功能。

②防治胃癌：茄子含有龙葵碱，能抑制消化系统肿瘤的增殖，对于防治胃癌有一定效果。

③延缓衰老：茄子含有维生素E，有防止出血和抗衰老功能，常吃茄子，可有效控制血液中胆固醇水平，对延缓人体衰老具有积极的意义。

食材处理

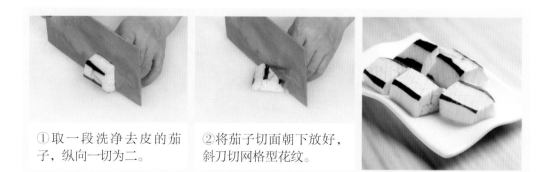

①取一段洗净去皮的茄子，纵向一切为二。

②将茄子切面朝下放好，斜刀切网格型花纹。

 酱焖茄子

🔘 **材料** 茄子180克，红椒15克，黄豆酱40克，姜末、蒜末、葱花各少许

🔘 **调料** 盐2克，鸡粉2克，白糖4克，蚝油15克，水淀粉5毫升，食用油适量

🔘 **做法**

❶ 洗净的茄子切成条，切上花刀；洗好的红椒去子，切成块。

❷ 锅注油烧热，放入茄子搅拌匀，炸至金黄色捞出。

❸ 锅留油，放姜、蒜、红椒爆香，加黄豆酱炒匀，加水、茄子炒片刻。

❹ 加蚝油、鸡粉、盐炒一会儿，放白糖、水淀粉炒匀盛出，撒葱花即可。

🔘 **制作指导**

茄子切好，先用盐腌渍片刻，洗去盐分再炒，不但茄子不吸油，而且颜色也不会变。

🔘 **营养功效**

茄子有助于清热解暑，对于容易长痱子、生疮疖的人尤为适宜。

莴笋

{ 宽肠通便
强壮机体 }

热量：14千卡/100克　　每日食用量：约60克

性味归经	性凉，味甘、苦，归肠、胃经
主要营养	蛋白质、脂肪、膳食纤维、矿物质、叶酸、维生素等
适宜人群	适宜小便不通、水肿、糖尿病、神经衰弱症、高血压、失眠患者
不宜人群	多动症儿童，眼病、痛风、脾胃虚寒、腹泻便溏者

相宜搭配及功效

莴笋+蒜苗	✅ 辅助治疗高血压
莴笋+黑木耳	✅ 调节血脂
莴笋+猪肉	✅ 补虚强身
莴笋+香菇	✅ 降脂降压

相克搭配及原因

莴笋+乳酪	❌ 引起腹痛、腹泻
莴笋+蜂蜜	❌ 易造成脾胃呆滞
莴笋+石榴	❌ 易产生毒素

营养功效

①防治糖尿病：莴笋中含有胰岛素的激活剂——烟酸，糖尿病人经常吃莴笋，可改善糖的代谢功能。

②防治贫血：莴笋中含有一定量的微量元素锌、铁，特别是铁元素，很容易被人体吸收，经常食用新鲜莴笋，可以防治缺铁性贫血。

③调节神经系统：莴笋含有多种维生素和矿物质，有调节神经系统的作用。

④开胃：莴笋有增进食欲、刺激消化液分泌、促进胃肠蠕动等功能。

食材处理

①莴笋的表皮和根部去除，放清水盆中。

②加2～3勺淀粉搅匀，浸泡10～15分钟洗一下。

③加清水漂洗，再用清水冲洗一遍，沥干即可。

凉拌莴笋

材料 莴笋100克，胡萝卜90克，黄豆芽90克，蒜末少许

调料 盐3克，鸡粉少许，白糖2克，生抽4毫升，陈醋7毫升，芝麻油、食用油各适量

做法

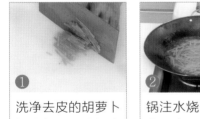

❶ 洗净去皮的胡萝卜切成细丝；洗好去皮的莴笋切成丝。

❷ 锅注水烧开，加入盐、食用油、胡萝卜、莴笋搅拌匀，煮约1分钟。

❸ 再放入洗净的黄豆芽搅拌几下，煮约半分钟捞出，沥干水分。

❹ 焯好的食材撒蒜末、盐、鸡粉、白糖、生抽、陈醋、芝麻油拌匀即成。

制作指导

黄豆芽比较脆嫩，焯煮的时间不宜过长，以免破坏其口感。

营养功效

莴笋利水，胡萝卜能促进血液循环，黄豆芽可保护血管，三者搭配有降压之效。

竹笋 { 益气和胃 治消渴 }

热量：19千卡/100克　　每日食用量：约25克

性味归经	性微寒，味甘，归胃、大肠经
主要营养	蛋白质，胡萝卜素，多种维生素，纤维素，氨基酸，多种微量元素
适宜人群	一般人群均可食用，适宜肥胖者、习惯性便秘者、糖尿病患者
不宜人群	泌尿系统结石、胃溃疡、肝硬化、肠炎者，低钙、骨质疏松者慎食

相宜搭配及功效

竹笋+鸡肉	✓	消减多余脂肪
竹笋+莴笋	✓	降脂降压
竹笋+鲫鱼	✓	益气健脾
竹笋+枸杞	✓	治疗咽喉疼痛

相克搭配及原因

竹笋+豆腐	✗	易形成结石
竹笋+红糖	✗	对身体不利
竹笋+胡萝卜	✗	会破坏胡萝卜素

营养功效

①开胃消食：竹笋有一种含氮物质，构成了竹笋独有的清香，具有开胃、促进消化、增强食欲的作用，可用于胃胀、消化不良、胃口不好等病症的食疗。

②增强免疫力：竹笋中植物蛋白、维生素及微量元素的含量均很高，有助于增强机体的免疫功能。

③帮助消化：竹笋甘寒通利，其所含有的植物纤维可以促进胃肠蠕动，降低肠内压力，可用于辅助治疗便秘，还可预防肠癌。

食材处理

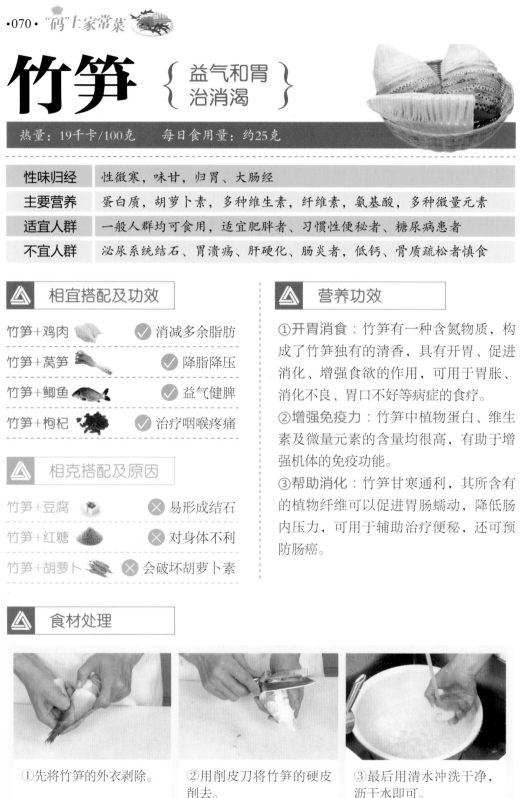

①先将竹笋的外衣剥除。

②用削皮刀将竹笋的硬皮削去。

③最后用清水冲洗干净，沥干水即可。

油辣冬笋尖

🌿 **材料** 冬笋200克，青椒25克，红椒10克

🥄 **调料** 盐2克，鸡粉2克，辣椒油6毫升，花椒油5毫升，食用油适量

🍲 **做法**

❶ 洗净去皮的冬笋切成滚刀块；洗好的青椒、红椒去子，切成小块。

❷ 锅中注水烧开，加入盐、鸡粉、食用油、冬笋块，煮约1分钟捞出。

❸ 用油起锅，倒入冬笋块炒匀，加入辣椒油、花椒油、盐、鸡粉炒匀。

❹ 倒入青椒、红椒炒至断生，淋入水淀粉勾芡即可。

🔺 **制作指导**

冬笋焯水时间不可太长，以免失去其清脆的口感。

😊 **营养功效**

冬笋具有润肠通便、清热解毒、清肝明目、开胃健脾等功效。

冬笋拌豆芽

材料 冬笋100克，黄豆芽100克，红椒20克，蒜末、葱花各少许

调料 盐3克，鸡粉2克，芝麻油2毫升，辣椒油2毫升，食用油3毫升

做法

① 将洗净的冬笋切片，改切成丝。

② 洗好的红椒切开，去子，切成丝。

③ 锅中注水烧开，加油、盐、冬笋，煮1分钟。

④ 倒入黄豆芽，搅拌匀，再煮1分钟至其断生。

⑤ 放入红椒，煮至食材熟透捞出，装入碗中。

⑥ 加入盐、鸡粉，放入蒜末、葱花。

⑦ 淋入少许芝麻油、辣椒油，拌匀。

⑧ 将拌好的材料盛出，装盘即可。

香菇炒冬笋

材料 鲜香菇60克，竹笋120克，红椒10克，姜片、蒜末、葱花各少许

调料 盐3克，鸡粉3克，料酒、水淀粉、生抽、老抽、食用油各适量

做法

❶ 洗净的香菇、红椒切块；洗净的竹笋切成片。

❷ 锅注水烧开，放入少许盐、鸡粉、食用油。

❸ 倒入竹笋、香菇煮1分钟捞出。

❹ 用油起锅，放入姜片、蒜末、红椒爆香。

❺ 倒竹笋、香菇、料酒、生抽、老抽，拌炒匀。

❻ 放盐、鸡粉、水淀粉炒匀盛出，撒葱花即可。

制作指导 特别大的香菇多是用激素催肥的，不宜食用，否则会对健康造成不良影响。

营养功效 香菇富含18种氨基酸，有补肝肾、健脾胃、益智安神的功效。香菇含有的维生素D能促进钙、磷的消化吸收。

蒜薹

{ 预防流感
  调治便秘 }

热量：61千卡/100克　　每日食用量：约60克

性味归经	性温，味辛，归脾、胃、肺经
主要营养	膳食纤维，维生素，微量元素，大蒜素，大蒜辣素等
适宜人群	一般人群均可食用
不宜人群	消化能力不佳、视力差的人应少吃

相宜搭配及功效

蒜薹+黑木耳　　✔ 降低血脂

蒜薹+猪肝　　✔ 缓解大脑疲劳

蒜薹+生菜　　✔ 预防牙龈出血

相克搭配及原因

蒜薹+韭菜　　✘ 影响消化

蒜薹+蜂蜜　　✘ 对眼睛不利

营养功效

①杀菌消毒：蒜薹中含有辣素，对病原菌和寄生虫都有良好的杀灭作用，可以起到预防流感、防止伤口感染和驱虫的功效。

②防癌抗癌：蒜薹含有丰富的维生素C，具有良好的降血脂及预防冠心病、动脉硬化的作用，并可防止血栓形成，预防癌症发生。

③调治便秘：蒜薹外皮含有丰富的纤维素，可刺激大肠排便，调治便秘。

食材处理

①将蒜薹放入水中，加入适量的食盐，用手搅匀。

②浸泡15分钟左右。

③将蒜薹放在流水下搓洗干净，沥干水分即可。

蒜薹木耳炒肉丝

材料 蒜薹300克，猪瘦肉200克，彩椒50克，水发木耳40克

调料 盐3克，鸡粉2克，生抽6毫升，水淀粉、食用油各适量

做法

❶ 木耳洗净切块；彩椒洗好切丝；蒜薹洗净切段；猪肉洗好切丝。

❷ 肉丝放入盐、鸡粉、水淀粉拌匀上浆，注油，腌渍约10分钟。

❸ 锅注水烧开，放油、盐、蒜薹、木耳煮半分钟，撒彩椒煮至断生捞出。

❹ 起油锅，倒肉丝、生抽、焯水的材料炒熟，加鸡粉、盐、水淀粉炒匀。

制作指导

蒜薹根部较硬，切时应去除，以免影响菜肴的口感。

营养功效

蒜薹含蛋白质、大蒜素、纤维素等成分，有抑菌、通便、开胃消食等功效。

白萝卜 { 保护肠胃 软化血管 }

热量：16千卡/100克   每日食用量：50~100克

性味归经	性平，味甘、辛，归肺、脾经
主要营养	膳食纤维，微量元素钙、磷、铁、钾等，维生素C和叶酸
适宜人群	一般人群均可食用，适宜高血压、缺铁性贫血、咳嗽、鼻出血者
不宜人群	阴盛偏寒体质、脾胃虚寒者不宜多食

相宜搭配及功效

白萝卜+豆腐 ✅ 有助于营养吸收

白萝卜+牛肉 ✅ 补五脏、益气血

白萝卜+金针菇 ✅ 防治消化不良

白萝卜+猪肉 ✅ 可促进脂肪消化

相克搭配及原因

白萝卜+黑木耳 ❌ 易引发皮炎

白萝卜+人参 ❌ 降低补气功效

白萝卜+胡萝卜 ❌ 会破坏维生素C

营养功效

①减肥：白萝卜所含热量较少，纤维素较多，吃后易产生饱胀感，这些都有助于减肥。

②防癌抗癌：白萝卜能诱导人体自身产生干扰素，增加机体免疫力，并能抑制癌细胞的生长。

③助消化：白萝卜中的芥子油和粗纤维可以促进胃肠蠕动，有助于体内废物的排出。

④止血：白萝卜中含有大量胶质，能生成血小板，有止血功效。

食材处理

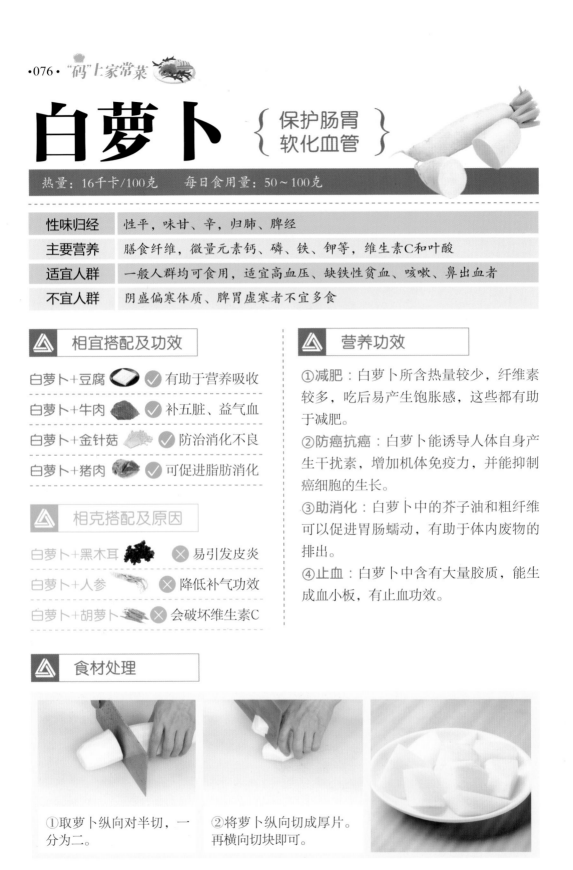

①取萝卜纵向对半切，一分为二。

②将萝卜纵向切成厚片。再横向切块即可。

红烧白萝卜

🔘 **材料** 白萝卜350克，鲜香菇35克，彩椒40克，蒜末、葱段各少许

🔘 **调料** 盐2克，鸡粉2克，生抽5毫升，水淀粉5毫升，食用油适量

🔘 **做法**

❶ 洗净去皮的白萝卜切成丁；洗好的香菇、彩椒切块。

❷ 用油起锅，放蒜末、葱白爆香，倒入香菇炒软，放入白萝卜炒匀。

❸ 加水、盐、鸡粉、生抽拌匀，用中火焖煮约5分钟，放入彩椒。

❹ 倒入水淀粉勾芡，撒上葱炒至熟软、汤汁收浓即成。

🔘 **制作指导**

烹饪此道菜肴讲究火候，焖煮的时候要选用中小火。

🔘 **营养功效**

萝卜中的淀粉酶能分解食物中的淀粉、脂肪，使之得到充分的吸收。

蜜蒸白萝卜

🔄 **材料** 白萝卜350克，枸杞8克，蜂蜜50克

🔄 **做法**

① 将洗净去皮的白萝卜切成片，备用。

② 取蒸盘，放上切好的白萝卜，撒上洗净的枸杞，待用。

③ 蒸锅烧开，放入装有白萝卜的蒸盘。

④ 盖上盖，用大火蒸约5分钟，至白萝卜熟透取出，浇上蜂蜜即成。

🔖 **制作指导**

浇上蜂蜜后要静置一会儿再食用，以使白萝卜入味。

🔖 **营养功效**

白萝卜有消食开胃、化痰止咳的功效，还有平稳血压的作用，适合高血压患者食用。

白萝卜丝炒黄豆芽

材料 白萝卜400克，黄豆芽180克，彩椒40克，姜末、蒜末各少许

调料 盐4克，鸡粉2克，蚝油10克，水淀粉6毫升，食用油适量

做法

①洗净去皮的白萝卜切丝；洗好的彩椒切粗丝。

②锅注水烧开，加入盐、黄豆芽煮约半分钟，倒入白萝卜煮约1分钟，倒入彩椒丝略煮一会儿捞出。

③用油起锅，放姜末、蒜末爆香，倒入焯好的食材炒匀，加盐、鸡粉、蚝油炒匀，倒水淀粉勾芡即可。

制作指导

切好的白萝卜用盐腌渍约10分钟，再冲干净，这样能去除辣味。

橄榄白萝卜排骨汤

材料 排骨段300克，白萝卜300克，青橄榄25克，姜片、葱花各少许

调料 盐2克，鸡粉2克，料酒适量

做法

①洗净去皮的白萝卜切成小块。

②锅注水烧开，放入排骨段拌匀，煮约1分钟，汆去血水捞出。

③砂锅注水烧热，倒入排骨、青橄榄、姜片、料酒提味，烧开后用小火煮约1小时，放入白萝卜块，煮沸后用小火续煮约20分钟，加入盐、鸡粉搅拌匀，装入汤碗中，撒入葱花即成。

制作指导

汆煮排骨时，要捞出浮沫，这样做出的汤口感会更清爽。

胡萝卜

{ 通便防癌
增强抵抗力 }

热量：25千卡/100克　　每日食用量：约70克

性味归经	性温，味甘、辛，归肺、脾经
主要营养	富含胡萝卜素，维生素B_1，维生素B_2，钙、铁、磷等微量元素
适宜人群	一般人都可食用，尤其适宜食欲不振者，高血压、夜盲症患者
不宜人群	脾胃虚寒者慎食，欲生育的妇女不宜多吃胡萝卜

相宜搭配及功效

胡萝卜+香菜　　✓ 可降低胆固醇

胡萝卜+绿豆芽　✓ 可消除脸部浮肿

胡萝卜+菠菜　　✓ 保护视力

胡萝卜+山药　　✓ 健胃补脾

相克搭配及原因

胡萝卜+酒　　　✕ 产生毒素

胡萝卜+白萝卜　✕ 降低营养价值

胡萝卜+西红柿　✕ 降低营养价值

营养功效

①保护视力：胡萝卜含有大量胡萝卜素，有护肝明目的作用。

②增强免疫力：胡萝卜中的胡萝卜素在人体内转变成维生素A，有助于增强机体的免疫功能。

③降血糖：胡萝卜还含有降糖物质，是糖尿病人的良好食品，其所含的某些成分，如懈皮素、山标酚能增加冠状动脉血流量，降低血脂，促进肾上腺素的合成，还有降压、强心作用，是高血压、冠心病患者的食疗佳品。

食材处理

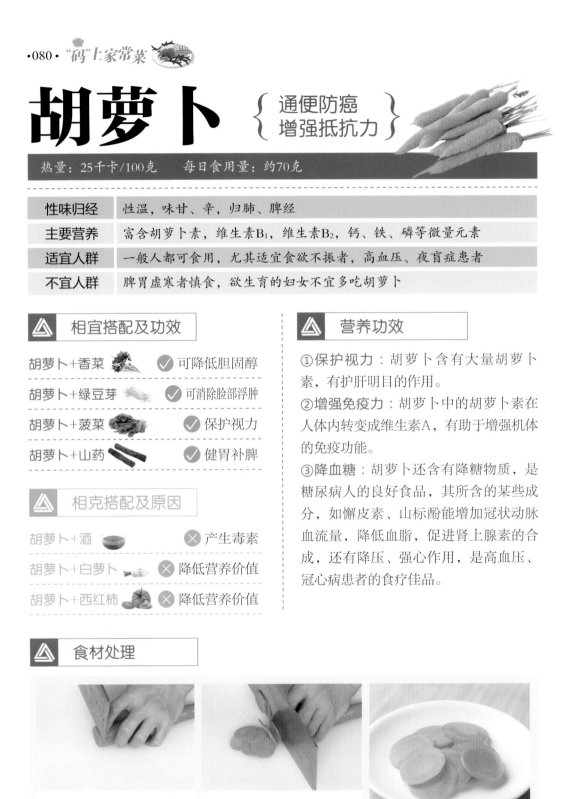

①取一根洗净的胡萝卜，从一端开始切圆片。

②将整条胡萝卜切成同样的圆片状即可。

荷兰豆炒胡萝卜

🥗 **材料** 荷兰豆100克，胡萝卜120克，黄豆芽80克，蒜末、葱段各少许

🧂 **调料** 盐3克，鸡粉2克，料酒10毫升，水淀粉、食用油各适量

👨‍🍳 **做法**

① 洗净去皮的胡萝卜切成片。

② 锅注水烧开，加盐、油、胡萝卜、黄豆芽、荷兰豆煮1分钟捞出。

③ 用油起锅，放入蒜末、葱段爆香，倒入焯过水的食材、料酒炒匀。

④ 加鸡粉、盐炒匀，倒入适量水淀粉勾芡即可。

🔺 **制作指导**

荷兰豆不易炒熟，焯水的时间可以适当长一些。

🔺 **营养功效**

荷兰豆营养价值高，可增强人体新陈代谢功能。

洋葱

{ 降压降脂
防癌抗癌 }

热量：39千卡/100克　　每日食用量：约50克

性味归经	性温，味甘、微辛，归肝、脾、胃、肺经
主要营养	维生素C，叶酸，纤维素，胡萝卜素，微量元素钾、锌、硒等
适宜人群	一般人均可食用，尤适宜高血压、高血脂、心血管疾病、糖尿病患者
不宜人群	皮肤瘙痒性疾病、眼疾、胃病以及肺、胃发炎者少吃

相宜搭配及功效

洋葱+鸡蛋	✅ 促进维生素吸收
洋葱+猪肉	✅ 促进蛋白质吸收
洋葱+红酒	✅ 降压降糖
洋葱+牛肉	✅ 降脂降压

相克搭配及原因

洋葱+蜂蜜	❌ 引起眼睛不适
洋葱+黄豆	❌ 降低钙的吸收

营养功效

①预防血栓：洋葱是为数不多的含前列腺素A的植物之一，是天然的血液稀释剂，能扩张血管、降低血液黏度，从而预防血栓发生。

②降血糖：洋葱中含有可降血糖药的有机物，能起到较好的降低血糖和利尿的作用。

③抗衰老：所含的微量元素硒是一种很强的抗氧化剂，能消除体内的自由基，增强细胞的活力和代谢能力，具有防癌抗衰老的功效。

食材处理

①将洋葱浸泡在温水中10~15分钟捞出。

②切去头、根部，用手将洋葱的外皮抠开。

③将洋葱的老皮全部剥除即可。

 # 红酒焖洋葱

🔖 **材料** 洋葱200克，红酒120毫升

🔖 **调料** 白糖3克，盐少许，水淀粉4毫升，食用油适量

🔖 **做法**

❶ 洗净的洋葱切成丝，备用。

❷ 锅注油烧热，放入洋葱略炒片刻。

❸ 倒入红酒炒均匀，加入白糖、盐，炒匀调味。

❹ 淋入适量水淀粉勾芡即可。

☁ **制作指导**

不喝酒的人，可用开水稀释红酒后再倒入锅中使用。

☁ **营养功效**

洋葱能扩张血管、降低血液黏稠度，有降血压的作用。

土豆

{ 降糖降脂
美容养颜 }

热量：76千卡/100克　　每日食用量：约130克

性味归经	性平，味甘，归胃、大肠经
主要营养	糖类，淀粉，蛋白质，脂肪，维生素，微量元素钾等
适宜人群	适宜冠心病、缺铁性贫血、痛风、风湿性关节炎、皮肤湿疹患者食用
不宜人群	肠胃不佳、经常肚胀和拉肚子的人不宜吃土豆

相宜搭配及功效

土豆+黄瓜	✓ 有利于身体健康
土豆+豆角	✓ 健脾和胃
土豆+醋	✓ 分解有毒物质
土豆+牛奶	✓ 提供全面营养

相克搭配及原因

土豆+香蕉	✗ 面部会生斑
土豆+西红柿	✗ 会导致消化不良
土豆+柿子	✗ 易形成胃结石

营养功效

①促进消化：土豆中含有丰富的膳食纤维，有助于促进胃肠蠕动，疏通肠道。

②抗衰老：含有丰富的维生素B_1、维生素B_2、维生素B_6和泛酸等B族维生素，以及大量的优质纤维素，具有抗衰老的功效。

③预防胃溃疡：土豆中含有的抗菌成分，有助于预防胃溃疡。

④减肥：土豆是非常好的高钾低钠食品，很适合水肿型肥胖者食用，加之其钾含量丰富，几乎是蔬菜中最高的，所以还具有瘦腿的功效。

食材处理

①将土豆放在盛有清水的盆中，浸泡5~10分钟。

②把土豆拿到流动水下冲洗，用钢丝球擦洗表皮。

③擦掉土豆表皮的泥沙，用流动水冲洗，沥干水。

海带丝拌土豆丝

🍃 **材料** 海带120克，土豆90克，彩椒50克，蒜末、葱花各少许

🥄 **调料** 盐3克，鸡粉4克，生抽6毫升，陈醋8毫升，芝麻油2毫升

🍲 **做法**

❶ 洗好的彩椒、海带切成丝；洗好去皮的土豆切片，改切成丝。

❷ 锅注水烧开，加盐、鸡粉、海带、土豆煮1分钟，放彩椒煮断生捞出。

❸ 将焯过水的食材装入碗中，放入蒜末、葱花。

❹ 加入生抽、盐、鸡粉、陈醋、芝麻油拌匀调味即可。

🔺 **制作指导**

海带本身带有咸味，制作此菜时可适量少放一些盐。

🔺 **营养功效**

海带含有钾元素，有助于排除多余的钠，并有扩张外周血管的作用。

 土豆烧苦瓜

材料 土豆200克，苦瓜180克，彩椒40克，姜片、蒜末、葱花各少许

调料 盐3克，鸡粉2克，蚝油8克，生抽、水淀粉、食用油各适量

做法

① 洗净的苦瓜去子，切片；洗好的彩椒切块；洗净去皮的土豆切片。

② 锅注水烧开，加油、盐、苦瓜煮1分钟，倒土豆煮约半分钟捞出。

③ 用油起锅，放姜片、蒜末爆香，放苦瓜和土豆炒匀，淋入清水。

④ 加盐、鸡粉、蚝油、彩椒、生抽炒匀，倒入水淀粉勾芡即成。

制作指导

要选用新鲜的土豆，皮色发青或有芽的土豆不能食用，以防中毒。

营养功效

土豆具有和胃调中、益气健脾、活血消肿等功效。

🍵 鱼香土豆丝

材料 土豆200克，青椒40克，红椒40克，葱段、蒜末各少许

调料 豆瓣酱15克，陈醋6毫升，白糖2克，盐、鸡粉、食用油各适量

做法

①洗净去皮的土豆切丝；洗好的红椒去子，切丝；洗净的青椒去子，切丝。

②用油起锅，放入蒜末、葱段爆香，倒入土豆丝、青椒丝、红椒丝翻炒均匀；加入豆瓣酱、盐、鸡粉、白糖、陈醋，快速翻炒均匀，至食材入味。

③关火后盛出炒好的土豆丝，装盘即可。

制作指导

土豆要炒熟透后才能食用，以免对健康不利。

🍵 土豆炖油豆角

材料 土豆300克，油豆角200克，红椒40克，蒜末、葱段各少许

调料 豆瓣酱15克，盐2克，鸡粉2克，生抽5毫升，老抽3毫升，水淀粉5毫升，食用油适量

做法

①洗净的油豆角切段；洗净去皮的土豆切丁；洗好的红椒去子切块。

②锅注油烧热，倒入土豆炸至金黄色捞出。

③锅底留油，放蒜末、葱段爆香，倒入油豆角炒转色，加土豆、水、豆瓣酱、盐、鸡粉、生抽、老抽炒匀，用小火焖5分钟，加红椒炒匀略焖片刻，淋入水淀粉快速翻炒匀即可。

制作指导

油豆角含有皂素，一定要焖熟后才能食用，否则会引发中毒症状。

山药

{ 滋肾益精 降低血糖 }

热量：56千卡/100克　　每日食用量：约85克

性味归经	性平，味甘，归脾、肺、肾经
主要营养	多种氨基酸，糖蛋白，黏液蛋白，胡萝卜素，维生素B_1，维生素B_2等
适宜人群	一般人群均可食用，对糖尿病患者、腹胀者、长期腹泻者尤其适宜
不宜人群	山药有收涩的作用，故大便燥结者不宜食用

相宜搭配及功效

山药+芝麻	✓	预防骨质疏松
山药+鸭肉	✓	消除油腻感
山药+羊肉	✓	可治虚寒症
山药+玉米	✓	增强免疫力

相克搭配及原因

山药+猪肝	✗	破坏维生素C
山药+黄瓜	✗	降低营养价值
山药+南瓜	✗	会破坏营养

营养功效

①健脾开胃：山药含有淀粉酶、多酚氧化酶等物质，利于脾胃的消化、吸收功能，是一味平补脾胃的药食两用之品。

②滋阴润肺：山药含皂苷、黏液蛋白，有润滑、滋润的作用，可益肺气、养肺阴，辅助治疗肺虚痰嗽久咳之症。

③防治糖尿病：山药所含的黏液蛋白，还有降低血糖的作用，对糖尿病有一定的治疗效果，是糖尿病人的食疗佳品。

④预防心血管病：山药含有大量维生素及微量元素，能有效阻止血脂在血管壁沉积，预防心血管疾病。

食材处理

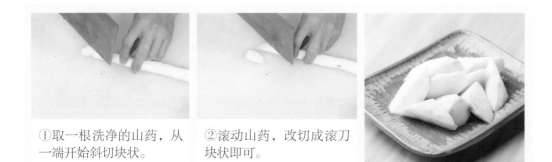

①取一根洗净的山药，从一端开始斜切块状。

②滚动山药，改切成滚刀块状即可。

蜜汁红枣山药百合

🔻 **材料** 红枣20克，干百合15克，山药150克，蜂蜜15克

🔵 **做法**

①
洗净去皮的山药切块，再切条，改切成丁。

②
把红枣、百合、山药装碗，加入蜂蜜拌匀，装入盘中。

③
将装有材料的盘子放入蒸锅中。

④
盖上盖，用中火蒸15分钟至食材熟透即可。

🔘 **制作指导**

红枣可以去核后再蒸，这样食用时更方便。

🔘 **营养功效**

山药具有增强免疫力、益心安神、平咳定喘、延缓衰老等保健作用。

红薯

{ 防治夜盲症
抗衰老 }

热量：99千卡/100克　　每日食用量：约130克

性味归经	性平，味甘，归脾、胃经
主要营养	膳食纤维，生物类黄酮，维生素A，维生素C，胡萝卜素，微量元素钾等
适宜人群	适宜糖尿病患者
不宜人群	胃及十二指肠溃疡、糖尿病人、高血压病人不宜食用

相宜搭配及功效

红薯+糙米	✅ 减肥
红薯+莲子	✅ 补肾涩精
红薯+猪小排	✅ 增强免疫力
红薯+芹菜	✅ 降血压

相克搭配及原因

红薯+西红柿	❌ 易形成结石
红薯+鸡蛋	❌ 易导致腹痛
红薯+柿子	❌ 易引发胃出血

营养功效

①预防心血管病：红薯含钾、β–胡萝卜素、叶酸、维生素C和维生素B_6，这几种成分均有助于预防心血管疾病。

②帮助消化：红薯中富含的膳食纤维，有促进胃肠蠕动、预防便秘和结肠直肠癌的作用。

③减肥通便：红薯是低脂肪低热能的食物，能有效地阻止糖类变为脂肪，有利于减肥健美、通便排毒、改善亚健康。

④抗衰老：红薯中含有一种类似雌性激素的物质，对保护皮肤、延缓衰老有一定作用。

食材处理

①洗净去皮的红薯侧面切平整，切成大块状。

②将红薯依次切成同样粗细的条状即可。

# 姜丝红薯

材料 红薯130克，生姜30克

调料 盐2克，鸡粉2克，水淀粉、食用油各适量

做法

① 洗净去皮的红薯、生姜切成丝。

② 锅倒水烧开，放入红薯煮1分钟，至其断生捞出，沥干水分。

③ 用油起锅，放入姜丝炒香，倒入红薯翻炒片刻。

④ 加盐、鸡粉炒至入味，倒入水淀粉勾芡即成。

制作指导

红薯入锅焯水的时间不能太久，若煮得过软，会炒不成形。

营养功效

红薯能保持血管弹性，对老年人习惯性便秘有很好的食疗作用。

煎红薯

🍄 **材料** 红薯250克，熟芝麻15克，蜂蜜适量

🫙 **调料** 食用油适量

🍽 **做法**

 ❶ 将去皮洗净的红薯切成片，放在盘中，待用。	 ❷ 锅中注水烧开，倒入红薯片，煮约2分钟。	 ❸ 至其断生后捞出，沥干水分，待用。	 ❹ 煎锅注油烧热，放入红薯片。
 ❺ 用小火煎至发出焦香味，翻转食材。	 ❻ 再用小火煎片刻，至两面熟透盛出。	❼ 均匀地淋上蜂蜜。	 ❽ 撒上熟芝麻即成。

红薯炖猪排

🌱 **材料** 红薯200克，排骨块250克，姜片30克

🥄 **调料** 盐2克，鸡粉2克，料酒、食用油各适量

🍳 **做法**

❶ 将洗净去皮的红薯切成丁。

❷ 锅注水烧开，倒入排骨、料酒煮沸。

❸ 用锅勺捞去锅中浮沫，捞出。

❹ 砂锅注水烧开，放入排骨、红薯丁，搅拌均匀。

❺ 盖上盖，烧开后用小火炖40分钟，至食材熟烂。

❻ 揭盖，加入盐、鸡粉搅匀调味即可。

💬 **制作指导** 炖煮排骨时可以加入少许陈皮，不仅能加速其熟透，还可使成品味道更鲜。

🍲 **营养功效** 排骨具有滋阴壮阳、益气补血、强壮身体的功效。

莲藕

{ 增进食欲
健脾止泻 }

热量：74千卡/100克　每日食用量：约200克

性味归经	性凉，味辛、甘，归肺、胃经
主要营养	营养价值很高，富含铁、钙等微量元素，维生素K、维生素C和蛋白质
适宜人群	一般人群均可食用，对肝病、便秘、糖尿病等人十分有益
不宜人群	产妇不宜过早食用，一般产后两周再吃为宜

△ 相宜搭配及功效

莲藕+虾	✓ 改善肝脏功能
莲藕+鳝鱼	✓ 滋阴健脾
莲藕+猪肉	✓ 健胃壮体
莲藕+牛蒡	✓ 排毒

△ 相克搭配及原因

莲藕+白萝卜	✗ 寒性较大
莲藕+菊花	✗ 易导致腹泻
莲藕+人参	✗ 药性相反

△ 营养功效

①减肥：莲藕中含有黏液蛋白和膳食纤维，能减少人体对脂类的吸收。

②健脾开胃：莲藕散发出一种独特的清香，含有鞣质，有一定健脾止泻作用，能增进食欲、促进消化、开胃健脾。肠胃不佳、食欲不振者适宜食用。

③益气补血：莲藕的营养价值很高，富含铁、钙等微量元素，植物蛋白质、维生素以及淀粉含量也很丰富，有明显地补益气血、增强人体免疫力作用。

△ 食材处理

①削去藕皮，将莲藕一分为二。

②碗里注水，用裹上纱布的筷子擦洗莲藕的窟窿。

③重新倒入清水清洗，沥干即可。

糖醋藕片

🌱 **材料** 莲藕350克，葱花少许

🥄 **调料** 白糖20克，盐2克，白醋5毫升，番茄汁、水淀粉、白醋、食用油各适量

🍲 **做法**

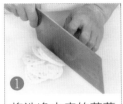

❶ 将洗净去皮的莲藕切成片。

❷ 锅中注水烧开，倒入白醋、藕片，焯煮2分钟至其八成熟捞出。

❸ 用油起锅，注水，放白糖、盐、白醋、番茄汁搅匀，煮至白糖溶化。

❹ 倒入水淀粉勾芡，放入藕片拌炒均匀即可。

🔹 **制作指导**

白糖和白醋不宜加太多，以免过于酸甜，掩盖藕片本身的脆甜口感。

🔹 **营养功效**

莲藕具有消瘀清热、除烦解渴、止血健胃的功效。

豆角 { 帮助消化 增进食欲 }

热量：29千卡/100克　　每日食用量：30～60克

性味归经	性平，味甘，归脾、肠经
主要营养	优质蛋白质，适量的碳水化合物及多种维生素、微量元素
适宜人群	一般人群均可食用，尤其适合糖尿病、肾虚、尿频、遗精者多食
不宜人群	气滞便结者应慎食豆角

相宜搭配及功效

豆角+鸡肉	✅ 可以增进食欲
豆角+蒜	✅ 开胃消食
豆角+猪肉	✅ 健脾补肾
豆角+冬瓜	✅ 消水肿

相克搭配及原因

豆角+桂圆	❌ 引起腹胀
豆角+糖	❌ 会影响糖的吸收

营养功效

①开胃消食：豆角所含B族维生素能维持正常的消化腺分泌和胃肠道蠕动的功能，抑制胆碱酶活性，可帮助消化，增进食欲。

②增强免疫力：豆角中所含有的维生素C能促进抗体的合成，提高机体抗病毒的作用。

③防治糖尿病：豆角的磷脂有促进胰岛素分泌，参与糖代谢的作用，是糖尿病人的理想食品。

食材处理

①取洗净的豆角，从中间拦腰切断摆整齐，切粒。

②用刀将豆角依次均匀地切成粒状即可。

肉末豆角

🍃 **材料** 肉末120克，豆角230克，彩椒80克，姜片、蒜末、葱段各少许

🥄 **调料** 小苏打、盐、鸡粉、蚝油、水淀粉、生抽、料酒、食用油各适量

🍳 **做法**

❶ 洗好的豆角切成段；洗净的彩椒去子，切成丁。

❷ 锅注水烧开，放入小苏打、豆角搅匀，煮5分钟，至其断生捞出。

❸ 用油起锅，放肉末炒松散，加料酒、生抽、姜、蒜、葱炒香。

❹ 倒入彩椒、豆角炒匀，加入盐、鸡粉、蚝油炒至入味即可。

🍲 **制作指导** 豆角焯水时间不宜过久，否则会影响其脆嫩的口感。

🍃 **营养功效** 豆角有解渴健脾、补肾止泄、益气生津的功效。

豌豆

{ 利湿消肿
  补钙强骨 }

热量：107千卡/100克　每日食用量：约50克

性味归经	性平，味甘，归脾、胃经
主要营养	蛋白质，纤维，矿物质，维生素，叶酸等
适宜人群	适宜动脉硬化、缺铁性贫血、脂肪肝、风湿性关节炎等中气不足者
不宜人群	尿路结石、皮肤病和慢性胰腺炎患者不宜食用

相宜搭配及功效

豌豆+虾仁	✔ 可提高营养价值
豌豆+蘑菇	✔ 增进食欲
豌豆+玉米	✔ 可使蛋白质互补
豌豆+胡萝卜	✔ 通便润肠

相克搭配及原因

豌豆+菠菜	✘ 影响钙的吸收
豌豆+蕨菜	✘ 会破坏营养
豌豆+醋	✘ 消化不良

营养功效

①防癌抗癌：豌豆含有丰富的维生素C，不仅能抗坏血病，还能阻断人体中亚硝胺合成，阻断外来致癌物的活化，解除外来致癌物的致癌毒性，提高免疫机能。豌豆中还含有能分解亚硝胺的酶，因此具有较好的防癌、抗癌作用。
②美容养颜：豌豆所含的维生素C还具有美容养颜的功效。

食材处理

①水煮沸后，放少许食盐，倒入豌豆搅拌。

②约1分钟后将豌豆捞出，放入冷水里快速冷却。

③将豌豆捞出沥干，装入保鲜袋，放冰箱保存。

松仁豌豆炒玉米

🍴 **材料** 玉米粒180克，豌豆50克，胡萝卜200克，松仁40克，姜片、蒜末、葱段各少许

🥄 **调料** 盐4克，鸡粉2克，水淀粉5毫升，食用油适量

📋 **做法**

① 胡萝卜洗净切丁。

② 锅注水烧开，放盐、胡萝卜煮半分钟，加玉米粒、豌豆、油煮2分钟。

③ 锅注油烧热，放入松仁炸约1分钟，捞出炸好的松仁沥干油。

④ 锅留油，放姜、蒜、葱、焯水食材、盐、鸡粉、水淀粉炒匀，撒松仁即可。

🍳 **制作指导**

松仁油脂含量较高，不宜炸太久。

🍲 **营养功效**

玉米营养丰富，有静心、生津之效，胡萝卜可清心明目，此菜有养心润肺的功效。

黄豆

{ 健脾益气
降糖降脂 }

热量：359千卡/100克　　每日食用量：约40克

性味归经	性平，味甘，归大肠、脾经
主要营养	蛋白质，膳食纤维，脂肪，维生素A，维生素E，微量元素等
适宜人群	适宜动脉硬化、高血压、冠心病、高血脂、糖尿病等患者
不宜人群	消化功能不良、胃脘胀痛等有慢性消化道疾病的人应尽量少食。

相宜搭配及功效

黄豆+鸡蛋	✔ 可以降低胆固醇
黄豆+胡萝卜	✔ 可促进营养吸收
黄豆+白菜	✔ 补充植物激素
黄豆+花生	✔ 丰胸补乳

相克搭配及原因

黄豆+虾皮	✘ 影响钙的吸收
黄豆+芹菜	✘ 降低营养价值
黄豆+牛奶	✘ 影响钙的吸收

营养功效

①健脑益智：黄豆富含的大豆卵磷脂是大脑的重要组成成分之一，多吃黄豆有助于预防老年痴呆症。此外，大豆卵磷脂中的甾醇，可增加神经机能和活力。

②防治心脏病：黄豆含有蛋白质和豆固醇，能明显地改善和降低血脂和胆固醇，从而降低患心血管疾病的概率。

③延年益寿：黄豆富含维生素E、胡萝卜素、磷脂，可防止老年斑生成，增强老人记忆力，是延年益寿的最佳食品。

食材处理

①将泡发的黄豆倒入碗中，加入适量的清水。

②用手轻轻把黄豆揉洗片刻，再用清水冲净。

③将洗好的黄豆捞入滤网中，沥干水分即可。

黄豆焖鸡翅

🥬 **材料** 水发黄豆200克，鸡翅220克，姜片、蒜末、葱段各少许

🍶 **调料** 盐2克，鸡粉3克，生抽2毫升，料酒6毫升，水淀粉、老抽、食用油各适量

💿 **做法**

❶ 鸡翅洗净斩块，加盐、鸡粉、生抽、料酒、水淀粉抓匀，腌渍15分钟。

❷ 用油起锅，放姜片、蒜末、葱段爆香，倒入鸡翅炒匀，淋料酒炒香。

❸ 加盐、鸡粉炒匀调味，倒入清水、黄豆拌炒匀，放老抽炒匀上色。

❹ 小火焖20分钟，大火收汁，倒入水淀粉勾芡即可。

🍵 **制作指导**

黄豆应煮熟、煮透，食用半生不熟的黄豆，常会引起恶心、呕吐等症状。

🍵 **营养功效**

黄豆可预防儿童及孕妇缺铁性贫血；儿童食用黄豆还有健脑的作用。

豆芽

{ 保护血管
预防消化道癌症 }

热量：44千卡/100克　　每日食用量：约30克

性味归经	性寒，味甘，归心、胃经
主要营养	蛋白质，纤维素，微量元素钙、磷、铁，B族维生素等
适宜人群	一般人均可食用，尤其适宜长期吸烟者食用
不宜人群	体质虚弱的人不宜多吃豆芽

△ 相宜搭配及功效

豆芽+韭菜		✓ 解毒、补肾
豆芽+青蒜		✓ 清热解毒
豆芽+猪肚		✓ 防癌抗癌
豆芽+排骨		✓ 利尿下气

△ 相克搭配及原因

豆芽+猪肝		✗ 不利营养的吸收
豆芽+皮蛋		✗ 容易导致腹泻

△ 营养功效

①**防治心脏病**：豆芽富含维生素C，能保护血管，防治心血管疾病。

②**瘦身排毒**：豆芽富含膳食纤维，是便秘患者的健康蔬菜，有预防消化道癌症（食道癌、胃癌、直肠癌）的功效，对美容瘦身也有很好的功用。

③**防治口腔溃疡**：豆芽中含有大量核黄素，对口腔溃疡有一定的防治功效。

△ 食材处理

①取焯烫清洗过的豆芽，摆放整齐。

②然后再把豆芽的根部全都切除。

凉拌黄豆芽

🔘 **材料** 黄豆芽100克，芹菜80克，胡萝卜90克，白芝麻、蒜末各少许

🔘 **调料** 盐4克，鸡粉2克，白糖4克，芝麻油2毫升，陈醋、食用油各适量

🔘 **做法**

❶ 洗净去皮的胡萝卜切丝；择洗干净的芹菜切段；洗好的金针菇去蒂。

❷ 锅中注水烧开，放入盐、食用油，倒入切好的胡萝卜，煮半分钟。

❸ 放入洗净的黄豆芽、芹菜段搅拌均匀，再煮半分钟捞出，沥干水分。

❹ 食材加盐、鸡粉、蒜末、白糖、陈醋、芝麻油拌匀，撒白芝麻即可。

🔘 **制作指导**

拌好的食材可以包上保鲜膜，放入冰箱冰镇片刻再食用，口感会更好。

🔘 **营养功效**

芹菜、黄豆芽、胡萝卜都具有降低血压的功效，三者搭配降压效果更佳。

荷兰豆炒豆芽

◆ **材料** 黄豆芽100克，荷兰豆100克，胡萝卜90克，蒜末、葱段各少许

◆ **调料** 盐3克，鸡粉2克，料酒10毫升，食用油适量

◆ **做法**

❶ 洗净去皮的胡萝卜切成片。

❷ 锅注水烧开，加盐、油、胡萝卜、荷兰豆、黄豆芽拌匀，煮半分钟捞出。

❸ 用油起锅，放蒜末、葱段爆香，放焯水食材、料酒、鸡粉、盐炒匀。

❹ 倒入少许水淀粉快速翻炒均匀，装入盘中即可。

🔹 **制作指导**

清洗前可以将荷兰豆的筋剥掉，这样会使荷兰豆的口感更佳。

🔹 **营养功效**

黄豆芽可以降低胆固醇含量，有助于降低血压，适合高血压患者食用。

醋香黄豆芽

材料 黄豆芽150克，红椒40克，蒜末、葱段各少许

调料 盐2克，陈醋4毫升，水淀粉、料酒、食用油各适量

做法

①将洗净的红椒去子，切成丝。
②锅注水烧开，加食用油、黄豆芽焯煮1分钟捞出。
③用油起锅，放入蒜末、葱段爆香，倒入黄豆芽、红椒、料酒炒香，放入盐、陈醋炒匀调味，倒入适量水淀粉快速拌炒均匀。
④把炒好的黄豆芽盛出，装盘即可。

制作指导

黄豆芽入锅后宜用大火快炒，以保持其爽脆口感。

黄豆芽炒猪皮

材料 猪皮200克，红椒30克，黄豆芽90克，姜片、蒜末、葱段各少许

调料 盐2克，鸡粉2克，料酒5毫升，老抽3毫升，水淀粉4毫升，食用油适量

做法

①锅注水，放猪皮用小火煮10分钟捞出，切去多余的肥肉，切成条。
②红椒去子切条；猪皮淋老抽拌均匀。
③锅倒油烧热，倒猪皮炸出香味捞出。
④锅底留油，放姜片、蒜末、葱段爆香，放入红椒、黄豆芽炒片刻，淋料酒炒匀，倒入猪皮炒匀，加入盐、鸡粉炒匀，倒入水淀粉勾芡即可。

制作指导

在炒黄豆芽时，可以淋入少许醋，这样可以保持豆芽爽脆的口感。

豆腐

{ 益智健脑
降低胆固醇 }

热量：81千卡/100克　　　每日食用量：约80克

性味归经	性微温，味甘、淡，归脾、胃经
主要营养	豆蛋白、氨基酸、脂肪、碳水化合物、维生素和矿物质等
适宜人群	一般人群均可食用，是老人和孕、产妇的理想食品
不宜人群	严重肝病、肾病、黄豆过敏者不宜食用

相宜搭配及功效

豆腐＋海带　　　　✔ 预防碘缺乏

豆腐＋草鱼　　　　✔ 促进骨骼发育

豆腐＋猪血　　　　✔ 保护心血管

豆腐＋金针菇　　　✔ 益智强体

相克搭配及原因

豆腐＋菠菜　　　　✘ 营养无法吸收

豆腐＋葱　　　　　✘ 对钙的吸收困难

豆腐＋核桃　　　　✘ 不利于人体吸收

营养功效

①促进发育：豆腐中丰富的大豆卵磷脂有益于神经、血管、大脑的发育生长。

②预防心脏病：豆腐中的大豆蛋白可以显著降低血浆胆固醇、甘油三酯和低密度脂蛋白，有降低血脂、保护血管细胞的作用，有助于预防心血管疾病。

③增强免疫力：豆腐的蛋白质含量比大豆高，而且豆腐蛋白属于完全蛋白，不仅含有人体必需的8种氨基酸，而且其比例也接近人体需要，可增强肌体免疫力。

食材处理

①用细水流将豆腐粗略地洗一遍。

②取一盆清水，然后将豆腐放入其中。

③浸泡15分钟左右，将苦味泡出来即可。

红烧紫菜豆腐

🔄 **材料** 水发紫菜70克，豆腐200克，葱花少许

🅰 **调料** 盐3克，白糖3克，生抽4毫升，水淀粉、芝麻油、老抽、鸡粉、食用油各适量

✅ **做法**

❶ 洗净的豆腐切厚片，再切成条，改切成小块。

❷ 锅注水烧开，放盐、食用油、豆腐拌匀，煮1分钟，捞出。

❸ 用油起锅，倒入豆腐、水、紫菜、盐、鸡粉、生抽、老抽炒匀。

❹ 加白糖炒匀，倒水淀粉勾芡，淋芝麻油炒匀装盘，撒上葱花即可。

☁ **制作指导**

豆腐易碎，烹饪时要注意力度，不可过多翻炒。

🔆 **营养功效**

紫菜可净化血液，加速机体代谢，排除多余胆固醇。

姜汁芥蓝烧豆腐

🍤 **材料** 芥蓝300克，豆腐200克，姜汁40毫升，蒜末、葱花各少许

🥢 **调料** 盐4克，鸡粉4克，生抽3毫升，老抽、蚝油、水淀粉、食用油各适量

🍳 **做法**

❶ 洗净的芥蓝梗切成段；洗好的豆腐切成块。

❷ 锅注水烧开，倒入姜汁、食用油、盐、鸡粉。

❸ 倒入芥蓝梗，煮1分钟，捞出，摆盘。

❹ 锅注油烧热，放盐、豆腐块煎香，翻面煎黄摆盘。

❺ 用油起锅，放蒜末爆香，加水、盐、鸡粉。

❻ 加生抽、老抽、蚝油拌匀，煮至沸。

❼ 淋入水淀粉勾芡。

❽ 把芡汁浇在豆腐和芥蓝上，撒上葱花即成。

香菇炖豆腐

材料 鲜香菇60克，豆腐200克，姜片、葱段各少许

调料 盐2克，白糖4克，鸡粉、蚝油、生抽、料酒、水淀粉、食用油各适量

做法

❶ 洗净的豆腐切块；洗好的香菇切片。

❷ 锅注水放香菇煮半分钟捞出，放豆腐煮半分钟。

❸ 用油起锅，放姜、葱爆香，加香菇、豆腐、料酒。

❹ 加水、生抽、蚝油、盐、白糖、鸡粉煮2分钟。

❺ 倒入适量水淀粉快速翻炒均匀。

❻ 盛出装盘，撒上葱段即可。

制作指导 切豆腐的时候可以把豆腐两面的老皮切去，这样炒制的豆腐更嫩。

营养功效 香菇能促进人体新陈代谢，提高机体免疫力，可降低胆固醇含量，预防动脉粥样硬化，比较适合高血压患者食用。

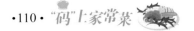

黑木耳

{ 活血　滋润
　强壮 }

热量：21千卡/100克　　　每日食用量：干品每次约15克

性味归经	性平，味甘，归胃、大肠经
主要营养	碳水化合物，蛋白质，胡萝卜素，维生素，微量元素铁、钙、磷等
适宜人群	适宜脑血栓、冠心病、癌症、肥胖、动脉硬化、痔疮等病症患者
不宜人群	有出血性疾病、腹泻、慢性肠炎患者以及孕妇慎食

相宜搭配及功效

黑木耳+海蜇　　✅ 润肠降压

黑木耳+白菜　　✅ 刺激肠胃蠕动

黑木耳+黄瓜　　✅ 清热利水

黑木耳+海带　　✅ 防治骨质疏松

相克搭配及原因

黑木耳+茶　　❌ 影响铁的吸收

黑木耳+白萝卜　❌ 引起过敏性皮炎

黑木耳+田螺　　❌ 不利于消化

营养功效

①补血：木耳富含铁，可防治缺铁性贫血；常吃木耳能维持体内凝血因子的正常水平，养血驻颜。

②瘦身排毒：木耳富含纤维素，经常食用可帮助消化。

③洗涤肠胃：木耳中的胶质，还可将残留在人体消化系统内的灰尘杂质吸附聚集，排出体外，起清涤肠胃的作用。

④增强免疫力：黑木耳营养价值较高，特别是蛋白质含量甚高，被称之"素中之荤"，可增强人体免疫力。

食材处理

①取洗净的木耳，叠放整齐，用直刀法将其切成丝。

②将剩余的木耳切成均匀的丝即可。

芝麻拌黑木耳

🥦 **材料** 水发黑木耳70克，彩椒50克，香菜20克，熟白芝麻少许

🥄 **调料** 盐3克，鸡粉2克，陈醋5毫升，芝麻油2毫升，生抽5毫升，食用油适量

🍳 **做法**

1 洗好的黑木耳切碎；洗净的彩椒切块；洗好的香菜切成段。

2 锅注水烧开，放入盐、食用油、黑木耳搅散，煮约半分钟。

3 倒入彩椒搅拌匀，煮半分钟至食材熟透捞出，沥干水。

4 食材加盐、鸡粉、香菜、陈醋、芝麻油、生抽拌匀，撒白芝麻即成。

☁ **制作指导**

黑木耳焯水的时间不宜过长，以免失去其脆嫩的口感。

☺ **营养功效**

白芝麻可以去除附着在血管壁上的胆固醇，能有效降低血压。

韭菜银牙炒木耳

材料 韭菜100克，绿豆芽80克，水发木耳45克

调料 盐2克，鸡粉2克，料酒3毫升，食用油适量

做法

1 将洗净的木耳切成粗丝；洗好的韭菜切成段。

2 锅注水烧开，加入盐、木耳丝搅匀，略煮一会儿捞出。

3 用油起锅，倒入木耳、韭菜炒至韭菜呈深绿色，倒入绿豆芽炒匀。

4 淋上料酒炒香，加入盐、鸡粉炒至食材熟透即成。

制作指导

用淡盐水泡发木耳，可更轻松地清除杂质。

营养功效

韭菜可行气活血，绿豆芽则可通畅血管，两者与木耳搭配，降血压效果更佳。

木耳鸡蛋西蓝花

🔷 **材料** 水发木耳40克，鸡蛋2个，西蓝花100克，蒜末、葱段各少许

🔶 **调料** 盐4克，鸡粉2克，生抽5毫升，料酒10毫升，水淀粉4毫升，食用油适量

🔷 **做法**

①木耳洗好切片、西蓝花切小朵；鸡蛋加盐打散调匀。

②锅注水烧开，放盐、油、木耳拌匀煮沸，倒入西蓝花焯煮片刻捞出；用油起锅，倒入蛋液炒半熟盛出。

③锅倒油，放入蒜末、葱段爆香，倒入焯水的食材炒均匀，淋入料酒炒香，放入鸡蛋炒匀，加入盐、鸡粉、生抽炒匀，倒入水淀粉勾芡即可。

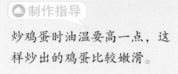

🔵 制作指导

炒鸡蛋时油温要高一点，这样炒出的鸡蛋比较嫩滑。

蒜泥黑木耳

🔷 **材料** 水发黑木耳60克，胡萝卜80克，蒜泥、葱花各少许

🔶 **调料** 盐3克，鸡粉3克，白糖3克，陈醋4毫升，芝麻油2毫升，食用油适量

🔷 **做法**

①洗净去皮的胡萝卜切片；洗好的黑木耳切块。

②锅注水烧开，放盐、鸡粉、食用油、黑木耳搅散煮沸，加入胡萝卜片拌匀，煮至食材熟透捞出，沥干水分。

③将黑木耳和胡萝卜装入碗中，放入盐、鸡粉、白糖、蒜泥、葱花、陈醋、芝麻油拌至入味即可。

🔵 制作指导

泡发黑木耳可选用淘米水，这样泡出来的木耳肥大易清洗，而且味道鲜美。

银耳

{ 强精补肾
润肠益胃 }

热量：200千卡/100克【干品】　每日食用量：干品每次约15克

性味归经	性平，味甘、淡，归肺、胃、肾经
主要营养	蛋白质、脂肪、碳水化合物、钙、磷、铁、维生素等
适宜人群	适宜肺结核、神经衰弱、盗汗遗精、高血压、肿瘤等病症患者
不宜人群	慢性肠炎患者，风寒者慎食

相宜搭配及功效

银耳+莲子	✅ 滋阴润肺
银耳+枸杞	✅ 解毒保肝
银耳+百合	✅ 养心安神
银耳+菊花	✅ 润燥除烦

相克搭配及原因

银耳+白萝卜	❌ 同食易患皮炎
银耳+菠菜	❌ 易破坏维生素C
银耳+蛋黄	❌ 同食不利消化

营养功效

①预防骨质疏松：银耳富含维生素D，能促进人体对钙的吸收，预防骨质疏松。

②增强免疫力：银耳中氨基酸含量及种类丰富，常食可增强免疫力。

③美容养颜：银耳含天然特性胶质，有祛除脸部黄褐斑、雀斑的功效。

④减肥瘦身：银耳富含膳食纤维，可促进肠道蠕动，加速脂肪分解，有利于轻身减肥。

⑤保护肝脏：银耳能起保肝作用，对老年慢性支气管炎、肺源性心脏病有一定疗效。

食材处理

①银耳泡发后用刀从中间对半切开，一分为二。

②平刀将银耳蒂部片除。

③将银耳放在流水下冲洗干净，沥干水分即可。

银耳枸杞炒鸡蛋

⊕ **材料** 水发银耳100克，鸡蛋3个，枸杞10克，葱花少许

⊗ **调料** 盐3克，鸡粉2克，水淀粉14毫升，食用油适量

◉ **做法**

❶ 洗好的银耳切去根部，切块；鸡蛋加盐、鸡粉、水淀粉打散调匀。

❷ 锅注水烧开，加银耳、盐煮半分钟；用油起锅，放蛋液炒熟盛出。

❸ 锅底留油，倒入银耳、鸡蛋、枸杞、葱花，翻炒匀。

❹ 加盐、鸡粉炒匀调味，淋入适量水淀粉勾芡即可。

🖉 **制作指导**

银耳泡好后，可放在水龙头下多次冲洗，才能很好地清除杂质。

🖉 **营养功效**

银耳有滋阴的作用，长期服用可以润肤，并有祛除雀斑的功效。

银耳炒肉丝

🍄 **材料** 水发银耳200克，猪瘦肉200克，红椒30克，姜片、蒜末、葱段各少许

🍶 **调料** 料酒4毫升，生抽3毫升，盐、鸡粉、水淀粉、食用油各适量

🍲 **做法**

❶ 泡好的银耳切去黄色根部，切小块。

❷ 洗净的瘦肉切丝；洗好的红椒去子，切成丝。

❸ 肉放盐、鸡粉、水淀粉抓匀，注油腌10分钟。

❹ 锅注水烧开，加油、盐、银耳煮沸捞出。

❺ 用油起锅，放姜、蒜爆香，倒肉丝炒松散。

❻ 加料酒炒至肉丝变色，倒银耳炒匀。

❼ 放红椒、盐、鸡粉、生抽炒匀。

❽ 倒水淀粉勾芡，撒上葱段炒匀即可。

马蹄银耳汤

⊙ 材料　马蹄100克，水发银耳120克

🔘 调料　冰糖30克，小苏打适量

☑ 做法

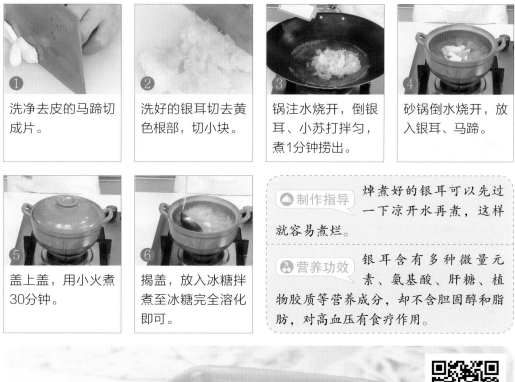

① 洗净去皮的马蹄切成片。

② 洗好的银耳切去黄色根部，切小块。

③ 锅注水烧开，倒银耳、小苏打拌匀，煮1分钟捞出。

④ 砂锅倒水烧开，放入银耳、马蹄。

⑤ 盖上盖，用小火煮30分钟。

⑥ 揭盖，放入冰糖拌煮至冰糖完全溶化即可。

💬 制作指导　焯煮好的银耳可以先过一下凉开水再煮，这样就容易煮烂。

💬 营养功效　银耳含有多种微量元素、氨基酸、肝糖、植物胶质等营养成分，却不含胆固醇和脂肪，对高血压有食疗作用。

香菇 { 益胃和中 防癌抗癌 }

热量：19千卡/100克　　每日食用量：15朵

性味归经	性平，味甘，归胃经
主要营养	蛋白质、氨基酸、粗纤维、维生素、微量元素等
适宜人群	适宜肝硬化、高血压、糖尿病、癌症、贫血等病症患者
不宜人群	慢性畏寒型胃炎患者，痘疹头发之人慎食

相宜搭配及功效

香菇+猪肉	✅ 促进消化
香菇+油菜	✅ 防止便秘
香菇+豆腐	✅ 利于吸收
香菇+鸡肉	✅ 促进蛋白质吸收

相克搭配及原因

香菇+鹌鹑	❌ 易使面部生黑斑
香菇+西红柿	❌ 降低营养价值
香菇+野鸡	❌ 易诱发痔疮出血

营养功效

①防癌抗癌：香菇菌盖部分含有双链结构的核糖核酸，进入人体后会产生具有抗癌作用的干扰素。

②抗衰老：香菇的水提取物对过氧化氢有清除作用，有延缓衰老的功能。

③增强免疫力：香菇的营养非常丰富，特别是氨基酸含量丰富，能提高机体免疫功能。

④开胃消食：香菇还含有水溶性鲜味物质，可以用作食品调味品，使食用者胃口更好。

食材处理

①香菇中倒入温水，泡发15~20分钟，不停搅动。

②换碗，加入适量淀粉、清水，搅拌均匀。

③用手指搓洗香菇，之后用清水清洗，沥干即可。

香菇酿肉丸

🍎 **材料** 肉末100克，香菇75克，枸杞、姜末、葱花各少许

🧂 **调料** 盐、鸡粉各3克，胡椒粉少许，生粉10克，生抽4毫升，芝麻油、食用油各适量

🍲 **做法**

① 锅注水烧开，放盐、鸡粉、食用油、香菇煮约1分钟，捞出。

② 肉末加姜末、鸡粉、盐、生抽、胡椒粉、生粉、芝麻油拌匀，和成肉馅。

③ 香菇在菌盖内抹生粉，放肉馅捏紧，撒上洗净的枸杞，酿制好。

④ 用中火蒸约8分钟取出，撒上葱花，摆好盘即成。

🔵 **制作指导**

酿制香菇前最好在菌盖上抹少许食用油，这样形状会更稳固。

🔵 **营养功效**

香菇含嘌呤等成分，具有很好的降低血压效果，与肉末搭配既有营养又可降压。

金针菇

{ 补肝益胃
补脑益智 }

热量：26千卡/100克　　每日食用量：50克

性味归经	性凉，味甘滑，归脾、大肠经
主要营养	蛋白质、维生素A、维生素C、胡萝卜素、纤维素等
适宜人群	一般人群均可食用，尤其适宜气血不足、肝脏疾病、心脑血管患者等
不宜人群	脾胃虚寒，慢性腹泻、关节炎、红斑狼疮患者慎食

相宜搭配及功效

金针菇+豆腐　✔ 防治心血管疾病

金针菇+芹菜　✔ 抗秋燥、降血压

金针菇+鸡肉　✔ 降低胆固醇

金针菇+豆芽　✔ 清热解毒

相克搭配及原因

金针菇+驴肉　✖ 同食易刺激肠胃

金针菇+牛奶　✖ 导致消化不良

营养功效

①增强免疫力：金针菇含人体必需氨基酸成分较全，能提高免疫力。

②健脑益智：金针菇的锌含量较高，能增强智力，促进生长发育，所以有"智力菇"的美誉，特别适合儿童和老年人食用。

③降低胆固醇：金针菇为高钾低钠的食物，可防治高血压，降低胆固醇。

④防癌抗癌：金针菇中的一些有效成分能消除重金属毒素，抑制癌细胞的生长与扩散。

食材处理

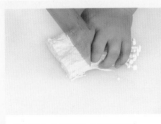

①将金针菇的根部切除。

②金针菇加入适量的清水和少量的食盐泡洗片刻。

③将金针菇放在流水下冲洗干净，沥干水分即可。

金针菇拌芹菜

🔖 **材料** 金针菇100克，胡萝卜90克，芹菜50克，蒜末少许

🎱 **调料** 盐、白糖各2克，生抽6毫升，陈醋12毫升，芝麻油、食用油各适量

🍲 **做法**

❶ 洗净的金针菇去根；洗好去皮的胡萝卜切丝；洗净的芹菜切成段。

❷ 锅注水烧开，加食用油、胡萝卜、芹菜、金针菇拌匀。

❸ 煮约1分钟至食材熟软后捞出，沥干水分，待用。

❹ 食材加蒜末、盐、白糖、生抽、陈醋、芝麻油拌至入味即成。

🔺 **制作指导**

芹菜的口感清脆，焯煮的时间不宜太长，以免口感变差。

🔺 **营养功效**

芹菜可改善头痛、头晕等病症，还具有降血压的作用。

鱼香金针菇

🥬 **材料** 金针菇120克，胡萝卜150克，红椒、青椒、姜片、蒜末、葱段各适量

🫙 **调料** 盐2克，鸡粉2克，豆瓣酱15克，白糖3克，陈醋10毫升，食用油适量

🍳 **做法**

❶ 洗净去皮的胡萝卜切成丝。

❷ 洗好的青椒、红椒切成丝。

❸ 洗好的金针菇切去老茎，备用。

❹ 用油起锅，放入姜片、蒜末、胡萝卜炒匀。

❺ 放金针菇、青椒、红椒翻炒均匀。

❻ 放入豆瓣酱、盐、鸡粉、白糖炒匀。

❼ 淋入少许陈醋炒片刻，至食材入味。

❽ 关火后盛出炒好的食材，装盘即可。

金针菇拌黄瓜

🥬 **材料** 金针菇110克，黄瓜90克，胡萝卜40克，蒜末、葱花各少许

🧂 **调料** 盐3克，食用油、陈醋、生抽、鸡粉、辣椒油、芝麻油各适量

👨‍🍳 **做法**

❶ 处理好的黄瓜、胡萝卜切丝；金针菇去根。

❷ 锅注水烧开，放油、盐、胡萝卜，煮半分钟。

❸ 放金针菇煮1分钟捞出。

❹ 黄瓜加盐拌匀，放金针菇、胡萝卜。

❺ 加蒜末、葱花、鸡粉、陈醋、生抽。

❻ 淋入辣椒油、芝麻油拌匀即可。

🔹 **制作指导** 食材焯煮的时间不宜过长，以免影响成品的鲜嫩口感。

🔹 **营养功效** 糖尿病患者常食金针菇，可以减轻或延缓糖尿病并发症的发生，对于高血压、高血糖、肥胖症等都有一定的食疗作用。

苹果

{ 生津润肺
  消食健胃 }

热量：52千卡/100克　　　每日食用量：1个

性味归经	性平，味甘、酸，归脾、肺经
主要营养	碳水化合物，维生素C，微量元素钾、磷、钙、镁等
适宜人群	一般人群均可食用，尤适宜慢性胃炎、便秘、癌症、贫血患者
不宜人群	糖尿病、高血压、脂肪肝、更年期综合征、痛经患者

相宜搭配及功效

苹果+香蕉　　　　✅ 可防止铅中毒

苹果+银耳　　　　✅ 润肺止咳

苹果+鱼肉　　　　✅ 有防治腹泻之效

苹果+牛奶　　　　✅ 生津除热

相克搭配及原因

苹果+绿豆　　　　❌ 易导致中毒

苹果+白萝卜　　　❌ 导致甲状腺肿大

苹果+海味　　　　❌ 易引起恶心

营养功效

①促进消化：苹果中所含的纤维素，能使大肠内的粪便变软，利于排便。苹果还含有丰富的有机酸，可刺激胃肠蠕动，促使大便通畅。

②调节肠胃：苹果中含有果胶，能抑制肠道不正常的蠕动，使消化活动减慢，从而抑制轻度腹泻。

③健脑益智：苹果含有锌，能增强儿童记忆力。

④平衡血压：苹果中含有较多的钾，能与人体内过剩的钠盐结合，使之排出体外，维持电解质平衡。

食材处理

①将牙膏挤在苹果表面。

②用手揉搓苹果，把牙膏搓匀。

③将苹果放在流水下冲洗，沥干水分即可。

苹果炖鱼

材料 草鱼肉150克，猪瘦肉50克，苹果50克，红枣10克，姜片少许

调料 盐3克，鸡粉4克，料酒8毫升，水淀粉3毫升，食用油少许

做法

① 苹果洗净去核切块；鱼肉、瘦肉洗好切块；洗好的红枣去核。

② 瘦肉装入碗中，放盐、鸡粉拌匀，淋水淀粉拌匀，腌渍至其入味。

③ 热锅注油，放姜爆香，放草鱼煎断生，加料酒、水、红枣、盐、鸡粉。

④ 倒入瘦肉焖煮约5分钟，倒入苹果煮约1分钟即可。

制作指导

烹饪前将红枣切开去核，红枣中的营养物质更易溶于汤中。

营养功效

草鱼具有暖胃和中、平降肝阳、益肝明目等功效。

菠萝

{ 健胃消食
补脾止泻 }

热量：41千卡/100克　　　每日食用量：约100克

性味归经	性平，味甘，归胃、肾经
主要营养	碳水化合物，维生素C，有机酸类，微量元素钾、钙等
适宜人群	伤暑、身热烦渴、肾炎、高血压、支气管炎、消化不良者
不宜人群	过敏体质的人、肾脏病、凝血功能障碍者、发热及患有湿疹、疖疮者

相宜搭配及功效

菠萝+鸡肉	✓	促进消化
菠萝+苹果	✓	减肥瘦身
菠萝+牛肉	✓	促进分解营养
菠萝+冰糖	✓	生津止渴

相克搭配及原因

菠萝+白萝卜	✗	破坏维生素C
菠萝+鸡蛋	✗	影响消化吸收
菠萝+牛奶	✗	影响消化吸收

营养功效

①**消炎**：菠萝含有一种叫"菠萝朊酶"的物质，它能分解蛋白质，溶解阻塞于组织中的纤维蛋白和血凝块，改善局部的血液循环，消除炎症和水肿。

②**利尿**：菠萝中所含糖、盐类和酶有利尿作用，适当食用菠萝，对肾炎、高血压患者有益。

③**防治心脏病**：菠萝中含有菠萝酵素，常被用来治疗心脏疾病、烧伤、脓疮和溃疡等，有着很好的效果。

④**助消化**：菠萝含有菠萝蛋白酶，能有效分解食物中蛋白质，增加肠胃蠕动。

食材处理

①取一盆清水，将菠萝浸入水中。

②用刷子刷洗菠萝的外皮，将污物清洗掉。

③将菠萝在流水下冲洗干净，沥干水分即可。

🌱 菠萝炒鸭丁

🐷 **材料** 鸭肉200克，菠萝肉180克，彩椒50克，姜片、蒜末、葱段各少许

🥄 **调料** 盐4克，鸡粉2克，蚝油5克，料酒6毫升，生抽8毫升，水淀粉、食用油各适量

🍳 **做法**

❶ 菠萝切丁；彩椒、鸭肉切块；鸭肉加生抽、料酒、盐、鸡粉、水淀粉拌匀。

❷ 倒油腌10分钟；锅中注水烧开，加油、菠萝、彩椒煮半分钟捞出。

❸ 用油起锅，放姜、蒜、葱爆香，倒入鸭肉炒匀，淋料酒炒香。

❹ 放彩椒、蚝油、生抽、盐、鸡粉炒入味，倒水淀粉勾芡即成。

🔵 **制作指导**

鸭肉的腥味较重，腌渍时调味品的用量可以适当多一些，以去除其异味。

🔵 **营养功效**

鸭肉有养胃滋阴、清虚热、利水消肿的功效。

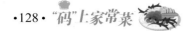

糖醋菠萝藕丁

🥦 **材料** 莲藕100克，菠萝肉150克，豌豆30克，枸杞、蒜末、葱花各少许

🧂 **调料** 盐2克，白糖6克，番茄酱25克，食用油适量

🍳 **做法**

① 菠萝肉洗净切成丁；洗净去皮的莲藕切成丁。

② 锅中注水烧开，加油、藕、盐煮半分钟，倒入豌豆、菠萝煮至断生捞出。

③ 用油起锅，倒蒜末爆香，放焯过的食材炒均匀，加白糖、番茄酱炒匀。

④ 撒入枸杞、葱花炒出葱香味，装入盘中即可。

🔺 **制作指导**

菠萝去皮后可以放在淡盐水里浸泡一会儿，可去除其涩味。

🍄 **营养功效**

莲藕具有养胃滋阴、益气补血、清热解烦、改善食欲不振等功效。

Part 3

营养畜肉篇

畜肉属于高蛋白类食材，其特含的优质蛋白质和人体的匹配性相当好，几乎可以全部被吸收和利用。人体的肌肉生长需要蛋白质，人体各种组织的维护也需要蛋白质，人体内的酶也主要由蛋白质组成，运行起来更是需要蛋白质，所以各种富含优质蛋白质的肉类就是想要拥有健壮体魄人士的首选了。而且畜肉烹饪后口感怡人、浓香扑鼻，一直都深受中外营养学家和养生达人的追捧。

猪肉

{ 滋阴润燥 补虚养血 }

热量：187千卡/100克　　每日食用量：50~80克

性味归经	性平，味甘、咸，归脾、胃、肾经
主要营养	蛋白质，脂肪，碳水化合物，微量元素钙、磷、铁等
适宜人群	一般人都可食用，尤其适宜阴虚、头晕、贫血、营养不良之人
不宜人群	患有冠心病、高血压、高血脂者忌食肥肉

△ 相宜搭配及功效

猪肉+黑木耳	✅ 防治心血管病
猪肉+冬瓜	✅ 防止脂肪堆积
猪肉+大蒜	✅ 帮助消化
猪肉+藕	✅ 提供丰富的营养

△ 相克搭配及原因

猪肉+田螺	❌ 同食易伤害肠胃
猪肉+茶	❌ 引发便秘
猪肉+羊肝	❌ 易产生怪味

△ 营养功效

①补血：猪肉含有血红素（有机铁）和促进铁吸收的半胱氨酸，能改善缺铁性贫血。

②增强体力：猪肉还含有丰富的B族维生素，可以增强体力，再伴一点大蒜，可以延长维生素B_1在人体内停留的时间，这对促进血液循环以及尽快消除身体疲劳、增强体质，都有重要的作用。

③益智健脑：猪肉中含有锌，可促进大脑发育，益智健脑。

△ 食材处理

①猪肉放入盆中，倒入淘米水。

②用手将猪肉在淘米水中抓洗。

③用清水冲洗干净即可。

椒香肉片

🔘 **材料** 猪瘦肉200克，白菜150克，红椒、桂皮、花椒、八角、干辣椒、姜片、葱段、蒜末各少许

🔘 **调料** 生抽4毫升，豆瓣酱10克，鸡粉4克，盐3克，陈醋7毫升，水淀粉8毫升，食用油适量

🔘 **做法**

① 洗好的红椒切段；洗净的白菜去根，切段；洗好的猪肉切片。

② 猪肉加盐、鸡粉、水淀粉搅匀，倒油腌10分钟，滑油半分钟。

③ 锅留油，倒葱、蒜、姜、红椒、香料、干辣椒炒香，放白菜炒软。

④ 加水、肉、生抽、豆瓣酱、鸡粉、盐、陈醋炒匀，倒水淀粉勾芡即可。

🔘 **制作指导**

白菜梗不易熟，可以先将白菜梗放入锅中炒制。

🔘 **营养功效**

白菜具有解热除烦、通利肠胃、养胃生津、利尿通便、护肤养颜等功效。

肉末空心菜

🍲 **材料** 空心菜200克，肉末100克，彩椒40克，姜丝少许

🧂 **调料** 盐、鸡粉各2克，老抽2毫升，料酒3毫升，生抽5毫升，食用油适量

🍴 **做法**

1. 将洗净的空心菜切成段；洗好的彩椒切粗丝。

2. 用油起锅，倒入肉末炒至松散，淋料酒、老抽、生抽炒匀提味。

3. 撒入姜丝、空心菜翻炒至熟软，倒入彩椒丝，翻炒匀。

4. 加入盐、鸡粉翻炒一会儿至食材入味即成。

🔺 **制作指导**

空心菜的菜梗较硬，可事先焯煮一会儿再炒，这样能缩短烹饪的时间。

☢ **营养功效**

空心菜含有类似胰岛素的物质，能抑制血糖值升高，减少人体对糖分的吸收。

辣子肉丁

材料 猪瘦肉250克，莴笋200克，红椒30克，花生米、干辣椒、姜片、蒜末、葱段各适量

调料 盐、鸡粉、料酒、水淀粉、辣椒油、小苏打、食用油各适量

做法

① 莴笋洗净去皮切丁；红椒洗好切段；猪肉洗净切丁，放小苏打、盐、鸡粉、水淀粉抓匀，放油腌10分钟。

② 沸水锅放盐、油、莴笋煮半分钟捞出，倒花生米煮1分钟；油锅烧热，倒花生米炸香捞出，倒肉丁滑油变色捞出。

③ 锅留油，放姜、蒜、葱、红椒、干辣椒、莴笋、肉丁炒匀，加辣椒油、盐、鸡粉、料酒、水淀粉、花生米炒匀即可。

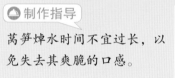 制作指导

莴笋焯水时间不宜过长，以免失去其爽脆的口感。

沙姜炒肉片

材料 鸡胸肉120克，彩椒70克，沙姜90克，葱段少许

调料 料酒18毫升，盐3克，鸡粉3克，水淀粉8毫升，芝麻油2毫升，食用油适量

做法

① 洗净去皮的沙姜切片；洗好的彩椒切丁；洗净的鸡胸肉切片，放入料酒、盐、鸡粉、水淀粉、芝麻油拌匀，腌渍10分钟。

② 锅注水烧开，放盐、油、沙姜、彩椒煮半分钟捞出。

③ 用油起锅，倒入鸡肉炒松散，放葱段炒香，倒入沙姜、彩椒炒匀，加料酒、盐、鸡粉炒匀，倒入水淀粉勾芡即可。

制作指导

鸡肉片易熟，不宜炒制太久，以免影响口感。

猪肝

{ 补肝明目 }
{ 补血养血 }

热量：129千卡/100克　　每日食用量：约50克

性味归经	性温，味甘、苦，归肝经
主要营养	蛋白质、脂肪、碳水化合物、钙、磷、铁、锌、硫胺素、核黄素等
适宜人群	一般人群均可食用，尤其适宜癌症患者及放疗、化疗后食用
不宜人群	患有高血压、冠心病、肥胖症及血脂高的人忌食猪肝

相宜搭配及功效

猪肝+蒜薹  ✅ 补益大脑和神经

猪肝+葱 ✅ 促进营养吸收

猪肝+大蒜 ✅ 增强杀菌之效

猪肝+胡萝卜 ✅ 可补血明目

相克搭配及原因

猪肝+山楂 ❌ 降低营养

猪肝+鲫鱼 ❌ 易产生痈疽

猪肝+鹌鹑 ❌ 易导致色素沉着

营养功效

①补血：猪肝中铁质丰富，是补血食品中经常用的食物，食用猪肝可调节和改善贫血。

②促进生长：猪肝中含有丰富的维生素A，具有维持正常生长和生殖机能的功能。

③增强免疫力：猪肝中还具有一般肉类食品不含的维生素C和微量元素硒，能增强人体的免疫反应，抗氧化，防衰老，并能抑制肿瘤细胞的产生，也可以辅助治疗急性传染性肝炎。

食材处理

①猪肝在水龙头下冲洗。

②猪肝放入清水碗中。

③静置2小时，去除猪肝的残血。捞出沥干即可。

猪肝熘丝瓜

🔄 **材料** 丝瓜100克，猪肝150克，红椒25克，姜片、蒜末、葱段各少许

🅰 **调料** 盐3克，鸡粉2克，生抽3毫升，料酒6毫升，水淀粉、食用油各适量

🔄 **做法**

① 洗净去皮的丝瓜切块；洗好的红椒去子切片；洗净的猪肝切薄片。

② 猪肝加盐、鸡粉、料酒、水淀粉腌10分钟，煮约1分钟，捞出。

③ 用油起锅，放姜、蒜爆香，倒入猪肝炒匀，放丝瓜、红椒炒透。

④ 加料酒、生抽、盐、鸡粉、水略煮，倒水淀粉炒匀，撒葱段炒香即成。

🔺 **制作指导**

汆煮好的猪肝要先撇去浮沫，以免捞出猪肝后粘附有细末。

🔺 **营养功效**

糖尿病患者食用猪肝，对因糖尿病所引起的视力下降有一定的改善作用。

猪肚

{ 补虚损
健脾胃 }

热量：110千卡/100克　每日食用量：约50克

性味归经	味甘，性微温，归脾、胃经
主要营养	蛋白质、脂肪、碳水化合物、维生素及钙、磷、铁等
适宜人群	虚劳赢弱、脾胃虚弱、中气不足、腹泻、胃痛者以及糖尿病患者
不宜人群	湿热痰滞内蕴者及感冒者

相宜搭配及功效

猪肚+莲子　✅ 健脾胃

猪肚+金针菇　✅ 增进食欲

猪肚+生姜　✅ 阻止胆固醇吸收

猪肚+黄豆芽　✅ 增强免疫力

相克搭配及原因

猪肚+白糖　❌ 心肌细胞氧化

猪肚+樱桃　❌ 易引起消化不良

猪肚+芦荟　❌ 影响对方的功效

营养功效

①补中益气：猪肚中含有蛋白质等营养素，可补中益气。

②帮助消化：猪肚含有多种消化酶，胆固醇含量较少，有消食化积的功效，适量食用还可让人胃口大开。

③强健骨骼：猪肚中还含有大量的钙质，适量食用可起到强健骨骼、牙齿等作用。

④防治缺铁性贫血：猪肚中含有铁，可增加血红细胞，对缺铁性贫血有较好的防治功效。

食材处理

①将猪肚放在食用油中，浸泡15～20分钟。

②揉搓猪肚，内翻外，沾上食用油揉搓清洗。

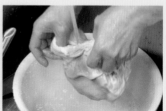

③用流水将猪肚内外冲洗干净，沥干水分即可。

荷兰豆炒猪肚

材料 熟猪肚150克，荷兰豆100克，洋葱40克，彩椒35克，姜片、蒜末、葱段各少许

调料 盐3克，鸡粉2克，料酒10毫升，水淀粉5毫升，食用油适量

做法

① 去皮洗净的洋葱切成条；洗净的彩椒去子切块；熟猪肚切成片。

② 锅注水烧开，加油、盐、荷兰豆、洋葱、彩椒拌匀，煮1分钟捞出。

③ 用油起锅，放姜、蒜、葱爆香，倒入猪肚炒匀，淋料酒、生抽炒匀。

④ 放荷兰豆、洋葱、彩椒炒匀，加鸡粉、盐炒匀，倒水淀粉勾芡即可。

制作指导
荷兰豆不宜焯煮过久，以免破坏其口感和营养。

营养功效
荷兰豆能增强人体的新陈代谢，具有延缓衰老、美容养颜的功效。

猪腰

{ 补肾强腰
通膀胱 }

热量：96千卡/100克　　每日食用量：约70克

性味归经	性平，味咸，归肾经
主要营养	蛋白质、脂肪、碳水化合物、钙、磷、铁和维生素等
适宜人群	一般人群均可食用，尤其适宜肾虚、腰酸腰痛、遗精、盗汗者食用
不宜人群	血脂偏高者、高胆固醇者忌食

相宜搭配及功效

猪腰+杜仲	✅ 养肝、降血压
猪腰+茼蒿	✅ 润肠
猪腰+豆芽	✅ 滋肾润燥
猪腰+竹笋	✅ 补肾利尿

相克搭配及原因

猪腰+田螺	❌ 功能相冲
猪腰+白萝卜	❌ 影响消化
猪腰++茶树菇	❌ 影响营养吸收

营养功效

①健肾补腰：猪腰含有蛋白质、脂肪、碳水化合物、微量元素和维生素等，有健肾补腰、和肾理气之功效。

②益智健脑：猪腰中含有锌，可促进大脑发育，益智健脑。

③补益骨骼：猪腰中也含有大量的钙质，适量食用可起到补益骨骼、牙齿等作用。

④防治缺铁性贫血：猪腰中含有铁，可增加血红细胞，对缺铁性贫血有较好的防治功效。

食材处理

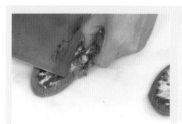

①猪腰剖开，剔去筋和脂肪，切成片状冲洗几遍。

②猪腰加料酒拌匀揉搓，放于水龙头下冲洗干净。

③放入热水锅中汆烫一下，捞出，沥干水即可。

杜仲猪腰

🍲 **材料** 杜仲10克，猪腰花片200克，姜片、葱段各少许

🍶 **调料** 料酒16毫升，盐2克，鸡粉2克，生抽4毫升，水淀粉4毫升，食用油适量

🥢 **做法**

① 砂锅注水，加杜仲煮沸，滤出药汁，待用。

② 锅注水烧开，倒入猪腰、料酒拌匀煮沸，汆去血水捞出。

③ 用油起锅，放姜片爆香，倒入猪腰略炒片刻，淋入料酒炒匀。

④ 倒入药汁、盐、鸡粉、生抽炒匀，加水淀粉勾芡盛出，撒葱段即可。

🔵 **制作指导**

汆煮猪腰时还可以加入适量白醋，能有效去除腥味。

🔵 **营养功效**

杜仲对垂体肾上腺皮质功能有一定的调节作用，有助于改善肾脏功能。

彩椒炒猪腰

🔲 材料 猪腰150克，彩椒110克，姜末、蒜末、葱段各少许

🔲 调料 盐5克，鸡粉3克，料酒15毫升，生粉10克，水淀粉5毫升，蚝油8克，食用油适量

🔲 做法

① 彩椒洗净切块；猪腰处理好切片，放盐、鸡粉、料酒、生粉拌匀腌10分钟。

② 锅注水烧开，放盐、油、彩椒煮至断生捞出，放猪腰汆至变色捞出。

③ 锅倒油烧热，放姜、蒜、葱爆香，倒猪腰炒均匀，淋料酒炒匀。

④ 放彩椒、盐、鸡粉、蚝油炒入味，倒入适量水淀粉勾芡即可。

🔵 制作指导

汆煮好的猪腰可以再用清水清洗一下，这样能更好地去除猪腰的异味。

🔵 营养功效

猪腰有健肾补腰、和肾理气的功效，适合肾虚、腰酸、遗精者食用。

黄花菜枸杞猪腰汤

材料 水发黄花菜150克，猪腰200克，枸杞10克，姜片、葱花各少许

调料 料酒8毫升，生抽4毫升，盐2克，鸡粉2克，水淀粉5毫升，食用油适量

做法

①洗好的黄花菜切去花蒂；处理干净的猪腰切块。

②锅注水烧开，放黄花菜煮至断生捞出，倒入猪腰汆至变色捞出。

③用油起锅，放姜片爆香，倒入猪腰略炒片刻，淋料酒炒香，加生抽、黄花菜、水、盐、鸡粉、水淀粉炒匀，放入洗净的枸杞炒均匀即可。

制作指导

猪腰汆水时加点料酒，这样可以更好地去除腥味。

清炖猪腰汤

材料 猪腰130克，红枣8克，枸杞、姜片各少许

调料 盐、鸡粉各少许，料酒4毫升

做法

①将洗净的猪腰对半切开，去除筋膜，切上花刀，再切成薄片。

②锅中注入适量清水烧热，放入猪腰片，再淋入少许料酒，搅动几下用大火煮一会儿，至猪腰变色捞出，沥干水分。

③取来炖盅，放入汆过水的猪腰，再倒入红枣、枸杞和姜片，注入适量开水，淋入料酒，盖上盖，静置片刻。

④将备好的炖盅置火上，盖上锅盖，用小火炖约1小时取出，加入少许盐、鸡粉搅拌至食材入味即可。

制作指导

猪腰的腥臊味较重，汆煮的时间可以适当长一些。

猪肺

{ 止咳　补虚　补肺 }

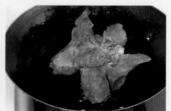

热量：85千卡/100克　　每日食用量：约50克

性味归经	性平，味甘，归肺经
主要营养	蛋白质、脂肪、钙、磷、铁、烟酸以及维生素B$_1$、维生素B$_2$等
适宜人群	适宜一般人群，尤适宜肺虚久咳、肺结核、肺痿咯血者食用
不宜人群	便秘、痔疮者不宜多食

相宜搭配及功效

猪肺+白及　　✅ 改善咯血症状

猪肺+梨　　✅ 清热润肺

猪肺+白萝卜　　✅ 改善咳嗽症状

相克搭配及原因

猪肺+花菜　　❌ 易引发滞气

猪肺+杏仁　　❌ 影响蛋白质吸收

营养功效

①止咳补肺：猪肺含有大量人体所必需的营养成分，具有止咳补肺的功效。中医常以猪肺配制食疗药膳，能治疗各种肺部疾患。

②补血补虚：猪肺含铁量丰富，适当食用可防治缺铁性贫血、改善老人耳鸣、心悸、乏力、虚弱等，气血虚损、身体瘦弱者食用猪肺可补虚损、健脾胃。

③止血：猪肺还对咳血、肺痿咯血等有辅助治疗的作用。

食材处理

①沿着肺管往猪肺注水，反复几次冲洗干净。

②将猪肺放沸水中煮几分钟，污物煮出来再捞出。

③洗净，再放另外的热水锅中，煮至酥烂即可。

雪梨茅根煲猪肺

🥘 **材料** 猪肺500克，雪梨50克，茅根15克，姜片少许

🧂 **调料** 盐2克，鸡粉2克，料酒10毫升

🍲 **做法**

① 雪梨洗净去皮再去核切块；处理好的猪肺切块。

② 锅注水，倒入切好的猪肺大火煮沸，氽去血水捞出。

③ 砂锅注入清水烧开，倒入茅根，用小火煮15分钟，捞出茅根。

④ 放姜片、猪肺、雪梨、料酒小火续炖1小时，放盐、鸡粉拌匀即可。

🔵 **制作指导**

猪肺应凉水下锅，将其杂质煮出来，这样才能保证猪肺的口感。

🔵 **营养功效**

雪梨有止咳生津、清心润喉、降火解暑等功效。

猪肠

{ 润燥补虚
润肠通便 }

热量：196千卡/100克　　每日食用量：约45克

性味归经	性寒，味甘，归大肠经
主要营养	蛋白质，维生素A，脂肪，微量元素钠、磷、钾、硒、钙、镁等
适宜人群	一般人都可食用，适宜大肠病变者、小便频多者食用
不宜人群	感冒期间忌食；因其性寒，凡脾虚便溏者忌食

相宜搭配及功效

猪肠+香菜　　　　✔ 补虚、止肠血

猪肠+豆腐　　　　✔ 健脾宽中

猪肠+黄豆　　　　✔ 祛风解毒

相克搭配及原因

猪肠+田螺　　　　✘ 易导致腹泻

猪肠+虾　　　　　✘ 降低营养功效

营养功效

①可治痔疮：猪大肠有润肠治燥的作用，古代医家常用于治疗痔疮、大便出血或血痢等症。

②预防肠癌：现代研究也发现，适量食用大肠，有预防肠癌的作用。

③增强免疫力：猪肠中含有多种营养物质，特别是蛋白质，可以增强人体的免疫力。

食材处理

①猪肠中倒入可乐静置几分钟，搅拌并抓洗均匀。

②再倒入淘米水，搓洗。

③放水龙头下搓洗几遍，沥干即可。

酸萝卜肥肠煲

材料 肥肠200克，酸萝卜200克，红椒25克，姜片、蒜末、葱段各少许

调料 豆瓣酱8克，番茄酱12克，盐2克，料酒7毫升，水淀粉、食用油各适量

做法

① 肥肠洗净切块；红椒洗好切圈；酸萝卜洗净切块；肥肠煮约半分钟。

② 起油锅，放姜、蒜、葱、红椒、肥肠、料酒、豆瓣酱、番茄酱炒匀。

③ 倒酸萝卜、水、盐炒匀调味，倒入少许水淀粉勾芡，盛入砂煲中。

④ 将砂煲置于火上，用大火续煮至食材入味即可。

制作指导

淋入料酒后宜用大火翻炒，以便酒味迅速散发，中和肥肠的腥味。

营养功效

肥肠有润肠通便、补脾益胃、生津止渴的作用。

肥肠香锅

材料 肥肠200克，土豆120克，香叶、八角、花椒、干辣椒、姜片、蒜末、葱段各适量

调料 盐3克，料酒8毫升，生抽、豆瓣酱、辣椒油、白糖、水淀粉、陈醋、老抽、食用油各适量

做法

① 土豆洗净去皮切片，加盐略煮至其断生捞出。

② 倒入肥肠、料酒，氽去异味捞出。

③ 用油起锅，倒入姜片、蒜末、葱段大火爆香。

④ 倒香叶、八角、花椒、干辣椒炒均匀，放肥肠炒匀。

⑤ 加料酒、生抽、豆瓣酱、辣椒油炒至肥肠六成熟。

⑥ 加土豆、水煮沸，加老抽、盐、鸡粉、白糖炒匀。

⑦ 淋陈醋煮至熟，倒入水淀粉勾芡。

⑧ 盛入砂煲，盖盖，煲煮5分钟至食材熟透即可。

干煸肥肠

材料 熟肥肠200克，洋葱70克，干辣椒7克，花椒6克，蒜末、葱花各少许

调料 鸡粉2克，盐2克，辣椒油适量，生抽4毫升，食用油适量

做法

① 洗净的洋葱切成小块；肥肠切成段。

② 锅注油烧热，倒入洋葱拌匀捞出。

③ 锅底留油，放入蒜末、干辣椒、花椒爆香。

④ 放油、肥肠炒匀，淋入生抽炒匀。

⑤ 放洋葱、鸡粉、盐、辣椒油拌匀。

⑥ 撒上葱花炒出香味即可。

制作指导 处理肥肠时，要将里面的肥油刮干净，这样味道会更好。

营养功效 肥肠含有蛋白质、B族维生素、锌、硒、铜、锰等营养成分，具有润肺燥、补虚、止渴止血等功效。

排骨

{ 滋阴润燥
益精补血 }

热量：264千卡/100克　　每日食用量：约100克

性味归经	性平，味甘、咸，归脾、胃、肾经
主要营养	蛋白质，脂肪，维生素，磷酸钙，骨胶原，骨黏蛋白等
适宜人群	一般人都可食用，适宜于气血不足者
不宜人群	湿热痰滞者慎服，肥胖、血脂较高者不宜多食

相宜搭配及功效

排骨+白萝卜　✅ 健脾开胃

排骨+莲藕　✅ 清热、通乳

排骨+山楂　✅ 更容易吸收营养

相克搭配及原因

排骨+甘草　❌ 易引起身体不适

排骨+茶水　❌ 影响营养的吸收

营养功效

①保护骨骼：排骨提供人体生理活动必需的优质蛋白质、脂肪，尤其是丰富的钙质，可以维护人体骨骼健康，使人精力充沛。

②美容养颜：排骨中含有大量骨胶原、骨黏蛋白等，适量食用可使皮肤更加光滑紧致。

③益气补血：排骨含有大量的铁元素，可提供血红素和促进铁吸收的半胱氨酸，可以防治缺铁性贫血，还可以增强人体免疫力。

食材处理

①猪排骨加水和适量的食盐，浸泡15分钟左右。

②将排骨清洗干净。

③排骨放沸水中汆烫一下，捞出沥水备用即可。

干煸麻辣排骨

材料 排骨500克，黄瓜200克，朝天椒30克，辣椒粉、花椒粉、蒜末、葱花各少许

调料 盐2克，鸡粉2克，生抽5毫升，生粉15克，料酒15毫升，辣椒油、花椒油、食用油适量

做法

① 黄瓜洗净切丁；朝天椒切碎；排骨加生抽、盐、鸡粉、料酒、生粉抓匀。

② 热锅注油烧热，放入排骨，炸至呈金黄色捞出，沥干油。

③ 锅底留油，倒蒜、花椒粉、辣椒粉爆香，放朝天椒、黄瓜炒均匀。

④ 放排骨、盐、鸡粉、料酒、辣椒油、花椒油炒匀，撒葱花均匀即可。

制作指导 排骨不要一起放入油锅中，以免粘连在一起。

营养功效 猪排骨可为幼儿和老人提供钙质，还具有滋阴润燥、益精补血等功效。

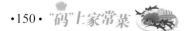

红枣莲藕炖排骨

🔷 **材料** 排骨段500克，莲藕80克，红枣、黑枣各25克，姜片20克

🔶 **调料** 盐3克，鸡粉、胡椒粉各少许，料酒12毫升

🔵 **做法**

❶ 洗净去皮的莲藕切厚块，再切条形，改切成丁。

❷ 锅注水烧热，倒入排骨、料酒汆煮约半分钟捞出。

❸ 砂锅注水烧开，倒入排骨、姜片、莲藕、黑枣、红枣、料酒拌匀。

❹ 小火炖煮60分钟，加入鸡粉、盐、胡椒粉拌至汤汁入味即成。

☁ **制作指导**

莲藕丁用淡盐水浸泡一会儿，煮熟后的口感会更佳。

🍴 **营养功效**

莲藕对于肝病、便秘、糖尿病等一切有虚弱之症的人都十分有益。

玉米笋焖排骨

材料 排骨段270克，玉米笋200克，胡萝卜180克，姜片、葱段、蒜末各少许

调料 盐3克，鸡粉2克，蚝油7克，生抽5毫升，料酒6毫升，水淀粉、食用油各适量

做法

① 玉米笋洗净切段；胡萝卜洗净切块。

② 锅注水烧开，放玉米笋、胡萝卜煮约1分钟捞出，倒入排骨煮约半分钟捞出。

③ 用油起锅，放姜、蒜、葱爆香，倒入排骨炒干水汽，加料酒、盐、鸡粉、蚝油、生抽炒香，倒入玉米笋、胡萝卜炒匀，注水烧开后用小火焖煮约15分钟，倒入水淀粉勾芡即可。

制作指导

余煮排骨段时撒上少许小苏打拌匀，能使其口感更佳。

莲藕花生鸡爪排骨汤

材料 排骨100克，鸡爪70克，莲藕块100克，水发眉豆50克，水发花生50克

调料 盐2克

做法

① 砂锅中倒入高汤烧开，倒入莲藕块，加入洗好的眉豆和花生，倒入排骨和鸡爪搅拌均匀。

② 盖上锅盖，烧开后转中火煮3小时至食材熟软。

③ 揭开锅盖，加入少许盐，搅匀调味。

④ 将煮好的汤料盛出，装入碗中，待稍微放凉即可食用。

制作指导

鸡爪烹煮前最好把爪尖切掉，这样更方便食用。

猪蹄

{ 补虚弱
美容养颜 }

热量：259千卡/100克　　每日食用量：1只

性味归经	性平，味甘、咸，归胃经
主要营养	脂肪，碳水化合物，维生素A，维生素E及钙、磷、铁等微量元素
适宜人群	一般人都适宜，尤其适宜血虚、产后缺奶、四肢软弱无力者
不宜人群	不适宜动脉硬化、高血压患者

◢ 相宜搭配及功效

猪蹄+木瓜	✔ 安神、补中益气
猪蹄+黑木耳	✔ 补血养颜
猪蹄+花生	✔ 养血生津
猪蹄+章鱼	✔ 补肾

◢ 相克搭配及原因

猪蹄+鸽肉	✘ 易引起滞气
猪蹄+黄豆	✘ 影响营养吸收
猪蹄+甘草	✘ 会引起中毒

◢ 营养功效

①美容养颜：猪蹄含有大量的胶原蛋白质，它在烹调过程中可转化成明胶，能增强细胞生理代谢，使细胞得到滋润，防止皮肤过早产生褶皱，延缓皮肤的衰老过程。

②促进骨骼生长：猪蹄可提供人体生理活动必需的优质蛋白质、脂肪，特别是丰富的钙质，可维护骨骼健康，适合儿童及老年人食用。

③补钙：猪蹄中含有大量钙质，可以补益骨骼。

◢ 食材处理

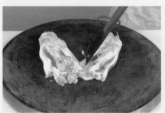

①猪蹄中间砍一刀，斩成两半。

②将猪蹄砍成块状。

鲜奶猪蹄汤

🔘 **材 料** 猪蹄200克，红枣10克，牛奶80毫升，高汤适量

🔘 **调 料** 料酒5毫升

🔘 **做 法**

① 锅中注水烧开，放入洗净切好的猪蹄，煮约5分钟，汆去血水。

② 加少许料酒，去腥提味；捞出汆煮好的猪蹄，过冷水，待用。

③ 砂锅注入高汤烧开，放猪蹄、红枣大火煮15分钟转小火煮约1小时。

④ 倒入牛奶拌匀稍煮片刻，至汤水沸腾即可。

🔘 **制作指导**

可根据个人口味，适量添加盐调味。

🔘 **营养功效**

猪蹄具有补虚弱、填肾精、安神助眠、美容护肤等功效。

香菇炖猪蹄

🔄 **材料** 猪蹄块280克，油菜100克，鲜香菇60克，姜片、蒜末、葱段各少许

⚫ **调料** 盐3克，鸡粉2克，白糖3克，豆瓣酱10克，生抽、料酒、白醋、老抽、水淀粉、食用油适量

💬 **做法**

① 洗净的香菇去蒂切块；洗好的油菜对半切开。

② 锅倒水烧开，加油、油菜煮1分钟至熟捞出。

③ 放猪蹄块、料酒、白醋煮沸捞出。

④ 锅倒油烧热，放姜、蒜、葱爆香，倒猪蹄炒片刻。

⑤ 放料酒、豆瓣酱、生抽、水、香菇、盐、鸡粉、白糖。

⑥ 倒入老抽炒匀，盖上锅盖，用小火焖25分钟。

⑦ 揭开锅盖，倒入少许水淀粉快速翻炒均匀。

⑧ 将油菜摆在盘子边，倒入锅中食材即可。

海带黄豆猪蹄汤

🔹 **材料** 猪蹄500克，水发黄豆100克，海带80克，姜片40克

🔹 **调料** 盐、鸡粉各2克，胡椒粉少许，料酒6毫升，白醋15毫升

🔹 **做法**

1 洗净的猪蹄、海带切成小块；锅注水烧热。

2 放猪蹄、白醋余水捞出，放海带煮半分钟捞出。

3 砂锅注水烧开，放姜片、黄豆、猪蹄、海带、料酒。

4 盖上盖，煮沸，用小火煲煮约1小时。

5 揭开盖，加鸡粉、盐拌片刻，再撒胡椒粉。

6 搅匀，再煮片刻至汤汁入味即可。

🔹 **制作指导** 黄豆的泡发时间要在6小时以上，这样煲煮好的汤味道会更鲜美。

🔹 **营养功效** 大豆含丰富的蛋白质、多种氨基酸，可增强人体免疫力。黄豆含有不饱和脂肪酸，有降低胆固醇的作用。

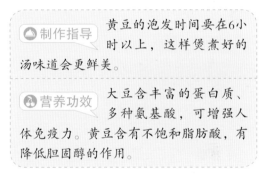

牛肉

{ 增长肌肉
补铁补血 }

热量：125千卡/100克　　每日食用量：80~100克

性味归经	性温，味甘，归脾经
主要营养	蛋白质，碳水化合物，氨基酸，脂肪，钾、磷、镁、铁等微量元素
适宜人群	一般人皆可食用，特别适宜生长发育、病后调养、贫血久病之人
不宜人群	高胆固醇、高脂肪、老年人、儿童、消化力弱的人不宜多吃

◮ 相宜搭配及功效

牛肉+土豆　　✅ 保护胃黏膜

牛肉+洋葱　　✅ 补脾健胃

牛肉+芋头　　✅ 防治便秘

牛肉+白萝卜　✅ 补五脏、益气血

◮ 相克搭配及原因

牛肉+生姜　　❌ 易导致体内火盛

牛肉+板栗　　❌ 营养降低

牛肉+白酒　　❌ 同食易导致上火

◮ 营养功效

①强健肌肉：牛肉中的肌氨酸含量比其他食品都高，肌氨酸可促进人体肌肉生长、强健肌肉。

②增强免疫力：牛肉含有丰富的蛋白质，氨基酸的组成比猪肉的更接近人体需要，能提高机体免疫力，对生长发育及手术后、病后调养的人在补充失血和修复组织等方面特别适宜。

③补血：牛肉的铁元素含量较高，并且是人体容易吸收的动物性血红蛋白铁，比较适合容易出现生理性贫血的宝宝，对宝宝的生长发育很有帮助。

◮ 食材处理

①将牛肉放在盆里，加入清水。

②倒入淘米水，浸泡15分钟左右，用手抓洗。

③用清水清洗干净，沥干水即可。

🍃 榨菜牛肉丁

🔹 材料 榨菜250克，牛肉50克，洋葱40克，红椒35克，姜末、蒜末、葱段各少许

🔹 调料 生抽9毫升，盐3克，鸡粉3克，水淀粉4毫升，料酒5毫升，生粉、食用油各适量

🔹 做法

❶ 洋葱去皮洗净切块；红椒洗好去子切块；牛肉洗净切块；榨菜切丁。

❷ 牛肉加生抽、盐、鸡粉、生粉拌匀腌渍10分钟；榨菜焯水2分钟。

❸ 锅注油烧热，放牛肉炒变色，放姜、蒜、葱、榨菜、洋葱、红椒炒匀。

❹ 加鸡粉、盐、料酒、生抽炒匀，倒入水淀粉翻炒均匀即可。

🔹 制作指导

榨菜切好后，放入清水中浸泡几分钟，可去除部分盐分。

🔹 营养功效

榨菜能健脾开胃，搭配洋葱、红椒、牛肉，具有极佳的开胃效果。

🍃 红烧牛肉

🔻 **材料** 牛肉300克，冰糖15克，干辣椒6克，花椒3克，八角、葱段、姜片、蒜末各少许

🥄 **调料** 小苏打2克，盐3克，鸡粉3克，生抽7毫升，水淀粉、陈醋、料酒、豆瓣酱、食用油适量

💬 **做法**

❶ 牛肉洗好切片，放小苏打、盐、鸡粉、生抽、水淀粉抓匀，倒油腌10分钟。

❷ 锅注水烧开，放牛肉片煮至变色捞出；油锅烧热放牛肉滑油半分钟。

❸ 油锅放姜、蒜、干辣椒、香料、冰糖、牛肉、料酒、生抽、豆瓣酱、陈醋。

❹ 加盐、鸡粉炒匀，注水煮沸，中火焖5分钟，倒水淀粉勾芡，撒葱段即可。

🔺 **制作指导**

切牛肉前可以先用刀背在牛肉上剁几下，这样炒出的牛肉口感更佳。

☢ **营养功效**

牛肉有增强免疫力、促进蛋白质新陈代谢等功效。

干煸牛肉丝

材料 牛肉300克，胡萝卜95克，芹菜90克，花椒、干辣椒、蒜末各少许

调料 盐4克，鸡粉3克，生抽5毫升，水淀粉5毫升，料酒、豆瓣酱、小苏打、食用油各适量

做法

① 芹菜洗好切段；洗净去皮的胡萝卜切条；牛肉洗好切丝，放小苏打、生抽、盐、鸡粉、水淀粉抓匀，倒油腌渍10分钟。

② 锅注水烧开，放盐、胡萝卜煮1分钟捞出；锅注油烧热，倒牛肉滑油变色捞出。

③ 锅底留油，倒花椒、干辣椒、蒜末爆香，放胡萝卜、芹菜、牛肉炒匀，加料酒、豆瓣酱、生抽、盐、鸡粉炒匀即可。

制作指导

切牛肉丝时，要顺着纹理横切，这样更易咀嚼。

麻辣牛肉豆腐

材料 牛肉100克，豆腐350克，红椒300克，辣椒面20克，花椒粉10克，姜片、葱花各少许

调料 盐4克，鸡粉2克，豆瓣酱10克，生抽5毫升，料酒5毫升，水淀粉8毫升，食用油适量

做法

① 洗好的豆腐切块；洗净的红椒去子切粒；洗好的牛肉剁成末；锅注水烧开，放盐、豆腐搅匀，捞出。

② 锅倒油烧热，放入姜片爆香，倒入牛肉、红椒炒片刻，加料酒、辣椒面、花椒粉、豆瓣酱、老抽炒匀，加水、豆腐、盐、鸡粉搅匀，煮2分钟至熟，倒入水淀粉勾芡盛出，撒上葱花即可。

制作指导

在焯煮豆腐时，加少许盐，这样煮的豆腐不会散。

牛肚

{ 增强免疫力 }
{ 滋阴润肺 }

热量：70千卡/100克　　每日食用量：约50克

性味归经	性平，味甘，归脾、胃经
主要营养	蛋白质、脂肪、钙、磷、铁、硫胺素、核黄素、尼克酸等
适宜人群	一般人都可食用，尤适宜于病后虚羸、气血不足、营养不良之人
不宜人群	无不宜人群

相宜搭配及功效

牛肚+白菜　　　✔ 增强体质

牛肚+香菜　　　✔ 开胃消食

牛肚+蒜薹　　　✔ 通便，排毒

牛肚+西芹　　　✔ 养心安神

相克搭配及原因

牛肚+红豆　　　✘ 影响营养吸收

牛肚+芦荟　　　✘ 不利营养吸收

营养功效

①提高免疫力：牛肚含有丰富的蛋白质，能够提高免疫力，增加免疫细胞的活性，消除体内的有害物质，常吃牛肚可以使人精力充沛、身强体健，还能调节体液的酸碱平衡，促进新陈代谢。

②提高记忆力：牛肚富含胆碱，可提高记忆力。

③排毒：经常食用牛肚，有助肝脏解毒，清理身体内长期瘀积的毒素，增进身体健康。

食材处理

①将牛肚加清水和少许生石灰，用手搅匀。

②浸泡20分钟左右，用手抓洗一下。

③揉洗牛肚，再用清水冲洗多次，沥干水即可。

米椒拌牛肚

🔄 **材料** 牛肚200克，泡小米椒45克，蒜末、葱花各少许

🔵 **调料** 盐4克，鸡粉4克，辣椒油4毫升，料酒10毫升，生抽8毫升，芝麻油2毫升，花椒油2毫升

🟢 **做法**

① 锅中注水烧开，倒入切好的牛肚、料酒、生抽、盐、鸡粉，搅拌均匀。

② 盖上盖，用小火煮1小时至牛肚熟透，捞出沥干水分。

③ 将牛肚装入碗中，加入泡小米椒、蒜末、葱花。

④ 放盐、鸡粉，淋入辣椒油、芝麻油、花椒油搅拌至食材入味即可。

🔺 **制作指导**

泡小米椒可以切开，味道会更浓郁。

🔺 **营养功效**

牛肚具有补益脾胃、补气养血、补虚益精、止消渴等功效。

萝卜牛肚煲

🌱 **材料** 白萝卜300克，牛肚100克，红枣10克，姜片、葱花各少许

🥄 **调料** 盐2克，鸡粉2克

🍲 **做法**

❶ 将洗净去皮的白萝卜切开，再切成块，改切成丁。

❷ 洗好的牛肚切片。

❸ 砂锅中注入适量清水，用大火烧开，倒入牛肚。

❹ 放入洗好的红枣，加入少许姜片，用勺搅拌一会儿。

❺ 将白萝卜倒入锅中用勺搅拌匀。

❻ 盖上锅盖，烧开后用小火再炖20分钟至食材熟烂。

❼ 揭开盖，加入适量鸡粉、盐搅匀调味，略煮片刻。

❽ 撒入葱花即成。

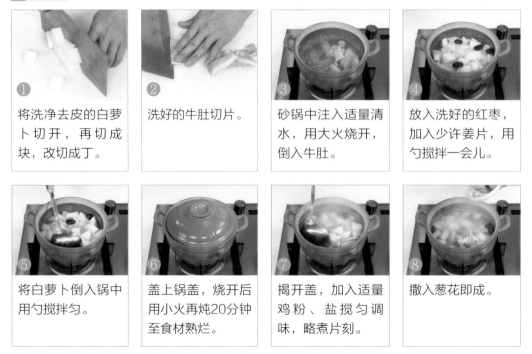

莲子芡实牛肚汤

🌱 **材料** 水发莲子70克，红枣20克，芡实30克，姜片25克，牛肚250克

⑧ **调料** 盐2克，鸡粉2克，料酒10毫升

◉ **做法**

❶ 处理干净的牛肚切成小块。

❷ 锅注水烧开，倒入牛肚氽煮至变色，捞出。

❸ 锅注水烧开，放姜片、莲子、红枣、芡实、牛肚。

❹ 淋料酒拌均匀，盖盖烧开后转小火炖90分钟。

❺ 揭开盖，放入适量盐、鸡粉搅拌片刻，至食材入味。

❻ 盛出炖煮好的汤料，装碗即可。

🔺 **制作指导** 牛肚要炖久一些，这样才能让其所含的蛋白质乳化，炖出乳白香浓的效果。

🔺 **营养功效** 莲子中含有的棉籽糖有很好的滋补效果，特别适合产后和老年体虚者。

羊肉 { 温补脾胃 补血温经 }

热量：109千卡/100克　　每日食用量：约50克

性味归经	性甘、温，无毒，归脾、肾经
主要营养	蛋白质、碳水化合物、维生素A、钾、钠、磷、钙、锌、铁、硒等
适宜人群	一般人群均可食用，尤其适宜体虚胃寒者
不宜人群	发热、牙痛、口舌生疮、咳吐黄痰等上火症状者不宜食用

相宜搭配及功效

羊肉+生姜 ✓ 温阳祛寒

羊肉+山药 ✓ 减少脂肪沉积

羊肉+豆腐 ✓ 清热止渴

羊肉+香菜 ✓ 御寒壮阳

相克搭配及原因

羊肉+南瓜 ✗ 易导致胸闷腹胀

羊肉+乳酪 ✗ 易产生不良反应

羊肉+茶 ✗ 容易引发便秘

营养功效

①增强免疫力：羊肉较牛肉的肉质要细嫩，容易消化，高蛋白，低脂肪，含磷脂多，较猪肉和牛肉的脂肪含量都要少，胆固醇含量少，是冬季防寒温补的美味之一。

②补养修身：羊肉含有丰富的蛋白质、脂肪，同时还含有维生素B_1、B_2及微量元素钙、磷、铁、钾、碘等，营养十分全面、丰富。羊的脂肪熔点为47℃，而人的体温为37℃，所以吃了羊肉后脂肪也不会被身体吸收，不会发胖。

食材处理

①取一块洗净的羊肉，用刀依次切均匀的条。

②采用直刀法，将羊肉条切成均匀的丁状即可。

当归生姜羊肉汤

🌿 **材料** 羊肉400克，当归10克，姜片40克，香菜段少许

🥄 **调料** 料酒8毫升，盐2克，鸡粉2克

🍲 **做法**

① 锅中注水烧开，倒入羊肉，搅拌匀。

② 加入料酒煮沸，氽去血水捞出，沥干水分，待用。

③ 砂锅注水烧开，倒入当归和姜片，放入羊肉，淋入料酒，搅拌匀。

④ 小火炖2小时，放盐、鸡粉拌匀调味，除去当归和姜片即可。

🔺 **制作指导**

羊肉汤炖制时间较长，砂锅中应多放些清水，避免炖干。

🔺 **营养功效**

当归中的挥发油和当归多糖等成分有促进血红蛋白及红细胞的生成作用。

清炖羊肉汤

材料 羊肉块350克，甘蔗段120克，白萝卜150克，姜片20克

调料 料酒20毫升，盐3克，鸡粉2克，胡椒粉2克，食用油适量

做法

① 白萝卜洗净去皮切段；锅注水烧开，倒羊肉煮1分钟，淋料酒捞出。

② 砂锅注水烧开，放羊肉、甘蔗、姜、料酒。

③ 烧开后小火炖1小时，倒入白萝卜搅拌均匀。

④ 小火续煮20分钟，加盐、鸡粉、胡椒粉调味即可。

制作指导

出锅前可以将甘蔗捞出，这样更方便食用。

营养功效

羊肉是高蛋白的营养食物，有补肾壮阳之效，搭配甘蔗可补虚、助眠。

Part 4

美味禽蛋篇

以鸡肉、鸭肉为代表的禽肉，是人们日常生活中极其熟悉的食物，还有如鸡蛋、鸭蛋及其加工品松花蛋等，也是我们日常生活中经常食用的食物。禽蛋类食物深受人们青睐，不仅因为其方便易得，更因为其具有丰富的营养价值，且味道鲜美。禽蛋类已被列为滋补食品和食疗佳品，本章将为大家介绍精选的禽蛋类菜品，让大家轻松烹制出健康美味的禽蛋佳肴。

鸡肉

{ 温中益气
补精填髓 }

热量：167千卡/100克　　每日食用量：约100克

性味归经	性微温，味甘，归脾、胃经
主要营养	蛋白质、维生素A、维生素C、钾、磷、钠、镁、烟酸、脂肪等
适宜人群	一般人群均可食用，老人、病人、体弱者更宜食用
不宜人群	患有热毒疖肿、高血压、血脂偏高、胆囊炎、胆石症的人忌食

相宜搭配及功效

鸡肉+枸杞　　✓ 益五脏、益气血

鸡肉+板栗　　✓ 增强造血功能

鸡肉+柠檬　　✓ 增强食欲

鸡肉+红豆　　✓ 提供丰富的营养

相克搭配及原因

鸡肉+芹菜　　✕ 容易损伤元气

鸡肉+大蒜　　✕ 易引起消化不良

鸡肉+鲤鱼　　✕ 同食会降低功效

营养功效

①增强免疫力：鸡肉中氨基酸的组成与人体需要的营养物质十分接近，同时它所含有的脂肪酸多为不饱和脂肪酸，极易被人体吸收。

②促进发育：鸡肉含有的多种维生素、钙、磷、锌、铁、镁等成分，是人体生长发育所必需的，对儿童的成长有重要意义。

③补肾：中医认为，鸡肉可用于脾胃气虚、阳虚引起的乏力、虚弱头晕等症，对于肾精不足所致的小便频数、耳聋、精少精冷等症也有很好的辅助疗效。

食材处理

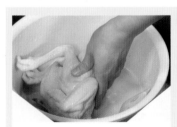

①鸡加食盐、半罐啤酒，均匀地抹遍鸡的全身。

②浸泡15～20分钟，加入清水搓洗鸡。

③将鸡放在流水下冲洗干净，沥干水分即可。

棒棒鸡

🔄 **材料**　鸡胸肉350克，熟芝麻15克，蒜末、葱花各少许

🔄 **调料**　盐4克，料酒10毫升，鸡粉2克，辣椒油5毫升，陈醋5毫升，芝麻酱10克

🔄 **做法**

① 锅注水烧开，放鸡胸肉、盐、料酒，用小火煮15分钟。

② 揭盖，把鸡肉捞出，置于案板上，用擀面杖敲打松散，撕成鸡丝。

③ 把鸡丝装入碗中，放入蒜末、葱花、盐、鸡粉、辣椒油、陈醋。

④ 放入芝麻油拌匀调味，装盘，撒上熟芝麻和葱花即可。

🔘 **制作指导**

鸡肉不要煮到全熟再关火，九成熟即可，这样味道会更鲜嫩。

🔘 **营养功效**

鸡胸肉蛋白质含量较高，易被人体吸收利用，有强身健体的作用。

干煸麻辣鸡丝

🔊 **材料** 鸡胸肉300克，干辣椒6克，花椒4克，花生碎、白芝麻、蒜末、葱花各少许

🍶 **调料** 盐3克，鸡粉3克，生抽4毫升，辣椒油、食用油各适量

💬 **做法**

❶ 处理好的鸡肉切丝，加盐、鸡粉、水淀粉抓匀，倒油腌渍10分钟。

❷ 用油起锅，倒入蒜末、干辣椒、花椒爆香，倒入鸡肉丝翻炒至变色。

❸ 加盐、鸡粉、生抽炒匀调味，淋入辣椒油翻炒至入味。

❹ 撒上葱花、白芝麻、花生碎翻炒至食材入味即可。

🔺 **制作指导**

鸡丝不宜炒制过久，以免炒得太老，影响口感。

🍲 **营养功效**

鸡肉对营养不良、乏力疲劳、食欲不振等症状有很好的食疗作用。

辣子鸡

材料 鸡块350克，青椒、红椒各80克，蒜苗100克，干辣椒、姜片、蒜片、葱段各少许

调料 生抽10毫升，盐2克，鸡粉、料酒、生粉、豆瓣酱、椒油、水淀粉、食用油各适量

做法

① 蒜苗洗净切段；青椒、红椒洗好切圈；鸡块加生抽、盐、鸡粉、料酒、生粉拌匀，倒油腌10分钟，再炸至焦黄色。

② 锅留底油，倒干辣椒、姜、蒜和葱、蒜苗煸香，倒入鸡块略炒，淋料酒炒香，放豆瓣酱炒匀，倒青椒、红椒和蒜苗炒匀，加入辣椒油、生抽、盐和鸡粉炒匀，淋水淀粉勾芡即可。

制作指导

腌渍鸡肉时已放了盐，后面炒制时应该少放盐，不然会很咸。

冬瓜鲜菇鸡汤

材料 水发香菇30克，冬瓜80克，鸡肉50克，瘦肉40克，高汤适量

调料 盐2克

做法

① 香菇、冬瓜、鸡肉、瘦肉洗净切块；锅中注水烧开，倒入鸡肉和瘦肉，汆去血水捞出沥干水分，过一次凉水。

② 锅中注入高汤烧开，倒入汆过水的食材，放入冬瓜、香菇。

③ 盖上锅盖，用大火煮15分钟，转中火煮2小时。

④ 揭盖，加入盐搅拌至食材入味即可。

制作指导

冬瓜皮营养丰富，所以冬瓜连皮一起炖汤，此汤降低血压的食疗效果会更好。

鸡翅

{ 促进发育
温中益气 }

热量：194千卡/100克　　每日食用量：2个

性味归经	性微温，味甘，归脾、胃经
主要营养	蛋白质，碳水化合物，维生素A，微量元素磷、钾、钠等
适宜人群	一般人群均可食用，尤其适合老年人和儿童、内火偏旺、痰湿偏重者
不宜人群	热毒疖肿、高血压、血脂偏高、胆囊炎、胆石症者忌食

相宜搭配及功效

鸡翅+蘑菇　　✅ 促进蛋白质吸收

鸡翅+柿子椒　✅ 补充维生素C

鸡翅+芋头　　✅ 强身健体

相克搭配及原因

鸡翅+大蒜　　❌ 两者功用相悖

鸡翅+李子　　❌ 易导致腹泻

鸡翅+菊花　　❌ 易中毒

营养功效

①养护皮肤：鸡翅含有大量可强健血管及皮肤的成胶原及弹性蛋白等，对于血管、皮肤及内脏有很好的养护效果。

②保护视力：鸡翅含有大量的维生素A，对视力、上皮组织及骨骼的发育，精子的生成和胎儿的生长发育都起着很重要的作用。

③增强免疫力：鸡翅含有丰富的营养物质，其含有的脂肪酸多为不饱和脂肪酸，极易被人体吸收，可增强人体免疫功能。

食材处理

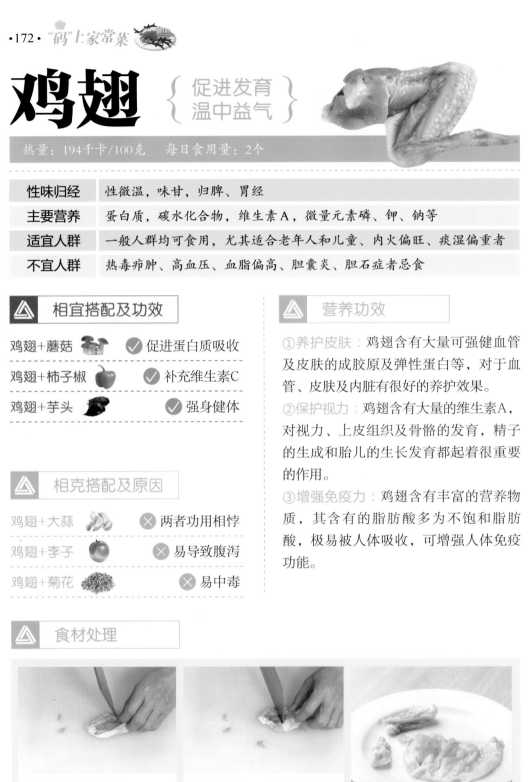

①鸡翅顺着鸡骨切一刀，将鸡筋切断，将肉扒开。

②鸡翅约1/3处用刀背敲断，将鸡骨与肉分离即可。

苦瓜焖鸡翅

🔖 **材料** 苦瓜200克，鸡中翅200克，姜片、蒜末、葱段各少许

🔖 **调料** 盐3克，鸡粉3克，料酒、生抽、小苏打、老抽、水淀粉、食用油各适量

🔖 **做法**

❶ 苦瓜洗净去子切段；鸡翅斩块，加生抽、盐、鸡粉、料酒腌10分钟。

❷ 锅注水烧开，放入小苏打、苦瓜，煮2分钟至断生捞出，待用。

❸ 用油起锅，放姜、蒜、葱爆香，倒入鸡翅、料酒、盐、鸡粉、水搅匀。

❹ 小火焖5分钟，放苦瓜再焖3分钟，淋老抽拌匀，倒入水淀粉勾芡即可。

🔖 **制作指导**

鸡翅应以小火焖煮，才能发出香浓的味道。

🔖 **营养功效**

苦瓜具有清暑解渴、降血压、促进新陈代谢、增强免疫力等功效。

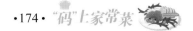

栗子枸杞炒鸡翼

🔘 **材料** 板栗120克，水发莲子100克，鸡中翅200克，枸杞、姜片、葱段各少许

🔘 **调料** 生抽7毫升，白糖6克，盐3克，鸡粉3克，料酒13毫升，水淀粉、食用油各适量

🔘 **做法**

① 处理干净的鸡中翅斩成小块。	② 鸡翅加生抽、白糖、盐、鸡粉、料酒拌匀。	③ 锅注油烧热，放入鸡翅炸至微黄色，捞出。	④ 锅底留油，放姜片、葱段爆香，放鸡翅炒匀。
⑤ 加料酒、板栗、莲子翻炒匀。	⑥ 加生抽、盐、鸡粉、白糖、水炒匀调味。	⑦ 盖盖，用小火焖7分钟至食材入味。	⑧ 揭盖，放入枸杞、水淀粉炒匀即可。

滑嫩蒸鸡翅

🔄 **材料** 鸡中翅200克，木耳70克，枸杞8克，姜片、葱花各少许

🔄 **调料** 盐2克，鸡粉2克，生粉10克，生抽2毫升，芝麻油3毫升，料酒10毫升，食用油适量

🔄 **做法**

❶ 将洗净的木耳放入水里，泡至发开。

❷ 鸡翅加枸杞、盐、鸡粉、生抽、料酒、姜片抓匀。

❸ 倒入生粉，搅拌匀，淋入芝麻油，用手抓匀。

❹ 取一盘，放木耳、鸡翅，放入烧开的蒸锅中。

❺ 盖盖，用中火蒸10分钟，至其熟透。

❻ 揭开锅盖取出，撒上葱花即可。

💬 **制作指导** 木耳可以放在加有面粉的水里泡一会儿，这样可以更好地清除杂质。

🔄 **营养功效** 木耳有益气、润肺、补脑、凉血、活血、美容等功效。木耳还含有抗肿瘤活性物质，能增强机体免疫力，常食可预防癌症。

鸡爪

{ 软化血管
美容养颜 }

热量：254千卡/100克　　每日食用量：约60克

性味归经	性温，味甘，归脾、胃经
主要营养	含蛋白质、碳水化合物、维生素A、钠、钾、磷、钙、硒等
适宜人群	一般人都适宜，尤其适宜免疫力低下、记忆力下降、贫血等症状的人
不宜人群	幼儿容易被骨头卡到，所以食用时家长应注意

相宜搭配及功效

鸡爪+油菜　✔ 促进胶原蛋白的吸收

鸡爪+辣椒　✔ 开胃消食

鸡爪+木耳　✔ 降压降脂

相克搭配及原因

鸡爪+芹菜　✘ 易伤元气

鸡爪+兔肉　✘ 易引起腹泻

营养功效

①美容养颜：鸡爪的营养价值颇高，含有丰富的钙质及胶原蛋白，多吃不但能软化血管，同时具有美容功效，能增强皮肤张力，有助于消除皱纹。

②维持体内代谢：鸡爪含有钾、钠、磷等元素，可以调节细胞内适宜的渗透压和体液的酸碱平衡，参与细胞内糖和蛋白质的代谢；钠有利于ATP的生产和利用，还有利于肌肉运动、保护心血管、促进能量代谢，此外，糖代谢、氧的利用也需有钠的参与。

食材处理

①取洗净的鸡爪一个，切去趾尖。

②鸡爪中间开一刀，切开，一分为二即可。

小炒鸡爪

🟠 **材料** 鸡爪200克，蒜苗90克，青椒70克，红椒50克，姜片、葱段各少许

⑧ **调料** 料酒16毫升，豆瓣酱15克，生抽、老抽、辣椒油、水淀粉、鸡粉、盐、食用油各适量

🔵 **做法**

① 青椒洗净切段；红椒洗净切块；蒜苗洗净切段；鸡爪洗净切小块。

② 锅注水烧开，倒鸡爪、料酒拌匀，煮沸氽去血水捞出。

③ 用油起锅，放姜、葱爆香，倒鸡爪、料酒、豆瓣酱、生抽、老抽、水、辣椒油。

④ 小火焖3分钟，放鸡粉、盐、青椒、红椒、蒜苗炒匀，淋水淀粉勾芡即可。

🟢 **制作指导**

蒜苗不宜炒得过烂，以免辣素被破坏，杀菌作用降低。

🟢 **营养功效**

鸡爪富含钙质和胶原蛋白，搭配蒜苗、青椒、红椒，营养更全面丰富。

🍵 麻辣鸡爪

🔘 **材料** 鸡爪200克，大葱70克，土豆120克，干辣椒、花椒、姜片、蒜末、葱段各少许

🔘 **调料** 料酒16毫升，老抽2毫升，鸡粉、盐、辣椒油、芝麻油、豆瓣酱、生抽、食用油适量

🔘 **做法**

① 葱洗净切段；土豆洗净去皮切块；鸡爪洗好斩块。

② 锅加水烧开，加入料酒、鸡爪煮沸，捞出。

③ 用油起锅，放姜、蒜、葱、干辣椒、花椒炒香。

④ 倒入鸡爪略炒，淋入料酒炒香，倒土豆炒匀。

⑤ 淋生抽炒匀，加豆瓣酱炒匀，倒水、老抽炒几下。

⑥ 加鸡粉、盐、辣椒油、芝麻油炒匀。

⑦ 盖盖，用小火焖8分钟至食材入味。

⑧ 揭盖，加大葱炒匀，加水淀粉勾芡即可。

马蹄冬菇鸡爪汤

🔖 **材料** 马蹄肉100克，水发香菇100克，鸡爪100克，枸杞10克，高汤适量

🔖 **调料** 盐2克，鸡粉、料酒各适量

🔖 **做法**

① 锅注水烧开，放入鸡爪搅拌匀。

② 加入料酒拌匀，煮3分钟，捞起，过冷水。

③ 锅注入高汤烧开，加鸡爪、香菇、马蹄拌匀。

④ 盖盖，大火煮开后中火炖2小时至食材煮熟。

⑤ 揭开锅盖，放入适量枸杞搅拌均匀。

⑥ 放入盐、鸡粉搅拌均匀，至食材入味即可。

💡 **制作指导** 泡发香菇时，以70℃左右的温热水为宜。

🍎 **营养功效** 马蹄含有蛋白质、粗纤维、胡萝卜素、维生素、铁、钙、磷等营养成分，有清热泻火、凉血解毒等功效

鸭肉

{ 养胃滋阴
清肺解热 }

热量：240千卡/100克　　每日食用量：约80克

性味归经	性凉，味甘、咸，归脾、胃、肺、肾经
主要营养	蛋白质、碳水化合物、维生素A、B族维生素、钾、磷、钠、铁、脂肪
适宜人群	一般人群均可食用，尤其适于上火的人；体质虚弱的人，食之更佳
不宜人群	受凉引起不思饮食、胃部冷痛者应少食；感冒患者不宜食用。

相宜搭配及功效

鸭肉+白菜　✔ 促进胆固醇代谢

鸭肉+山药　✔ 增强补阴作用

鸭肉+金银花　✔ 清热解毒

相克搭配及原因

鸭肉+甲鱼　✘ 导致消化不良

鸭肉+木耳　✘ 易引起肠胃不适

鸭肉+兔肉　✘ 容易引起腹泻

营养功效

①滋补养身：鸭肉营养丰富，且鸭肉中的脂肪含量适中，并分布较均匀，脂肪酸主要是不饱和脂肪酸和低碳饱和脂肪酸，所以熔点低，易于消化。

②抗衰老：鸭肉所含B族维生素和维生素E比较多，能有效抵抗、神经炎和多种炎症，还能抗衰老。

③增强免疫力：经常食用鸭肉，除能补充人体必需的多种营养成分外，对一些低烧、食少、口干、大便干燥和有水肿的人也有很好的食疗效果。

食材处理

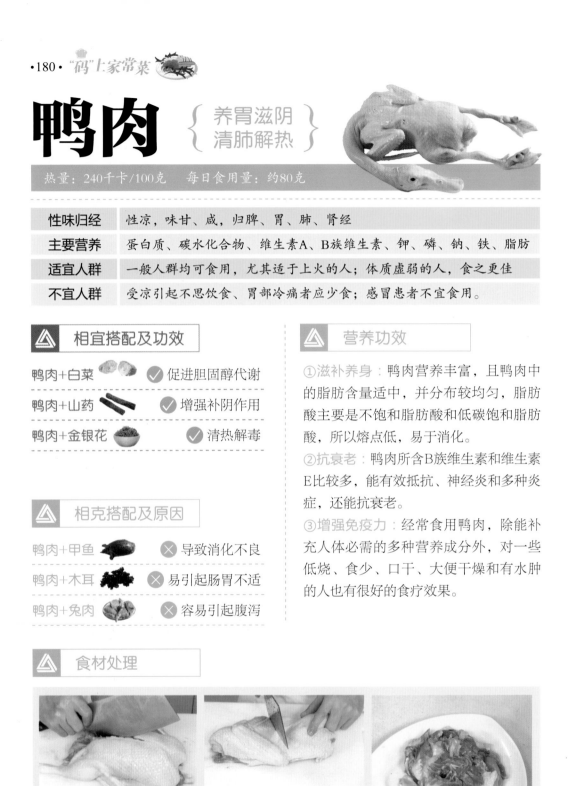

①鸭脖斩断，鸭脯用刀切成两半。

②半边再一分为二，剁成长条形，再剁成块状。

🍵 滑炒鸭丝

🔄 材料 鸭肉160克，彩椒60克，香菜梗、姜末、蒜末、葱段各少许

🔘 调料 盐3克，鸡粉1克，生抽4毫升，料酒4毫升，水淀粉、食用油各适量

📋 做法

❶ 洗净的彩椒切成条；洗好的香菜梗切段；洗净的鸭肉切片，再切成丝。

❷ 鸭肉加生抽、料酒、盐、鸡粉、水淀粉抓匀，注油腌渍10分钟至入味。

❸ 用油起锅，下蒜、姜、葱爆香，放鸭肉、料酒、生抽炒匀，下彩椒炒匀。

❹ 放入盐、鸡粉炒匀调味，倒入适量水淀粉勾芡，放入香菜段炒匀即可。

☁制作指导

炒制鸭肉时加少许陈皮，能有效去除鸭肉的腥味，还能为菜品增香。

☢营养功效

鸭肉有清虚劳之热、补气血、消水肿、养胃生津、清热健脾的功效。

泡椒炒鸭肉

🔶 **材料** 鸭肉200克，灯笼泡椒60克，泡小米椒40克，姜片、蒜末、葱段各少许

🔶 **调料** 豆瓣酱10克，盐3克，鸡粉2克，生抽少许，料酒5毫升，水淀粉、食用油各适量

🔶 **做法**

❶ 灯笼泡椒切块；泡小米椒切段；鸭切块，加生抽、盐、鸡粉、料酒、水淀粉拌匀。

❷ 将鸭肉腌渍约10分钟；锅注水烧开，倒鸭肉煮约1分钟捞出。

❸ 用油起锅，放鸭肉炒匀，放蒜、姜、料酒、生抽、泡小米椒、灯笼泡椒炒匀。

❹ 加豆瓣酱、鸡粉、水，中火焖煮约3分钟，淋水淀粉勾芡，撒葱段即成。

🔷 **制作指导**

切好的灯笼泡椒和泡小米椒浸入水中泡一会儿，辛辣的味道会减轻一些。

🔷 **营养功效**

鸭肉不仅能降低胆固醇，还对因糖尿病引起的心脑血管疾病有预防作用。

莴笋玉米鸭丁

材料 鸭胸肉160克，莴笋150克，玉米粒90克，彩椒50克，蒜末、葱段各少许

调料 盐、鸡粉、料酒、生抽、水淀粉、芝麻油、食用油各适量

做法

① 洗净去皮的莴笋切丁；洗好的彩椒切块；洗净的鸭胸肉切丁，加盐、料酒、生抽拌匀，腌渍约10分钟。

② 锅注水烧开，加盐、油、莴笋、玉米粒、彩椒拌匀，煮约1分钟捞出。

③ 用油起锅，倒鸭肉炒松散，淋生抽、料酒炒匀，倒入蒜末、葱段炒香，放焯过水的食材炒软，加盐、鸡粉炒匀，倒入水淀粉勾芡，淋芝麻油炒熟即成。

制作指导

鸭肉的腥味较重，腌渍的时间可以稍微长一些。

黄豆马蹄鸭肉汤

材料 鸭肉500克，马蹄110克，水发黄豆120克，姜片20克

调料 料酒20毫升，盐2克，鸡粉2克

做法

① 洗净去皮的马蹄切成小块。

② 锅注水烧开，放鸭块、料酒拌匀煮沸，汆去血水捞出，沥干水分。

③ 砂锅注水烧开，倒入洗净的黄豆，加入马蹄、鸭块，撒上姜片，淋入料酒。

④ 盖上盖，烧开后用小火炖40分钟，至食材熟透。

⑤ 揭开盖，加入盐、鸡粉拌匀调味，盛出即可。

制作指导

鸭肉性凉，炖汤时可以多放些姜片驱寒。

鸭肫

{ 益气补血
健脾开胃 }

热量：92千卡/100克，每日食用量：约45克

性味归经	性平，味甘、咸，归脾、胃经
主要营养	蛋白质、脂肪、烟酸、维生素C、维生素E、微量元素等
适宜人群	一般人群均可食用，贫血病患者尤其适合食用，消化不良者可多吃
不宜人群	无不宜人群

相宜搭配及功效

鸭肫+冬菜　　✅ 祛热，止咳

鸭肫+干贝　　✅ 可以提供蛋白质

鸭肫+豆豉　　✅ 减少体内脂肪

相克搭配及原因

鸭肫+柠檬　　❌ 影响蛋白质吸收

鸭肫+板栗　　❌ 易导致中毒

营养功效

①益气补血：鸭肫中铁元素含量较丰富，食用后有助于预防贫血，女性可以适当多食用一些。

②增强免疫力：鸭肫含有大量蛋白质，可增加机体的免疫力，调节激素水平。

③保护视力：鸭肫中含有维生素A，维生素A可以维持正常视觉功能，所以适量食用鸭肫可保护视力。

④保护骨骼：鸭肫中还含有大量的磷，磷存在于人体所有细胞中，是维持骨骼和牙齿的必要物质。

食材处理

①用手剥去鸭肫皮，用剪刀将鸭肫剪开。

②将内部的污物冲洗干净。

③将鸭肫放入热水锅中，汆烫几分钟捞出即可。

榨菜炒鸭胗

🔺 **材料** 榨菜200克，鸭胗150克，红椒10克，姜片、蒜末各少许

🔵 **调料** 盐、鸡粉各2克，白糖3克，蚝油4克，小苏打少许，料酒5毫升，水淀粉、食用油各适量

🔵 **做法**

① 鸭胗洗净切片；榨菜洗好切片；红椒洗净切圈；鸭胗撒小苏打、盐、鸡粉。

② 倒水淀粉拌匀，注油腌渍约10分钟；榨菜焯煮一会儿，捞出。

③ 用油起锅，放姜片、蒜末爆香，倒鸭胗炒松散，淋料酒炒香。

④ 倒入榨菜、红椒圈、盐、鸡粉、白糖、蚝油炒匀，倒水淀粉勾芡即成。

🔺 **制作指导**

鸭胗切片后再切上几处花刀，腌渍时会更容易入味。

🔺 **营养功效**

榨菜含有多种营养成分，有帮助人体消化的食疗效果。

荷兰豆炒鸭胗

🌾 **材料** 荷兰豆170克，鸭胗120克，彩椒30克，姜片、葱段各少许

🥄 **调料** 盐3克，鸡粉2克，料酒4毫升，白糖4克，水淀粉适量

🍳 **做法**

① 洗净的彩椒切丝；洗好的鸭胗切块。

② 鸭胗加盐、料酒、水淀粉拌匀，腌渍约10分钟。

③ 锅注水烧开，放油、彩椒、荷兰豆煮1分钟捞出。

④ 倒入鸭胗拌匀，汆去血水捞出。

⑤ 用油起锅，倒入姜片、葱段爆香。

⑥ 放鸭胗、料酒炒匀，放荷兰豆、彩椒炒匀。

⑦ 加盐、鸡粉、白糖、水淀粉炒匀至食材入味。

⑧ 关火后盛出炒好的菜肴即可。

洋葱炒鸭胗

材料 鸭胗170克，洋葱80克，彩椒60克，姜片、蒜末、葱段各少许

调料 盐3克，鸡粉3克，料酒5毫升，蚝油5克，生粉、水淀粉、食用油各适量

做法

① 洗净的彩椒、洋葱、鸭胗切块。

② 鸭胗加料酒、盐、鸡粉、生粉拌匀，腌10分钟。

③ 锅中注水烧开，倒鸭胗拌匀，汆去血水捞出。

④ 用油起锅，倒姜、蒜、葱爆香，放鸭胗炒匀。

⑤ 加料酒、洋葱、彩椒、盐、鸡粉、蚝油炒熟。

⑥ 淋水炒透，倒水淀粉勾芡即可。

制作指导 这道菜宜用旺火快炒，炒出的菜肴口感更佳。

营养功效 鸭胗含有多种营养成分，具有健胃消食、软化血管、增强体质等功效。

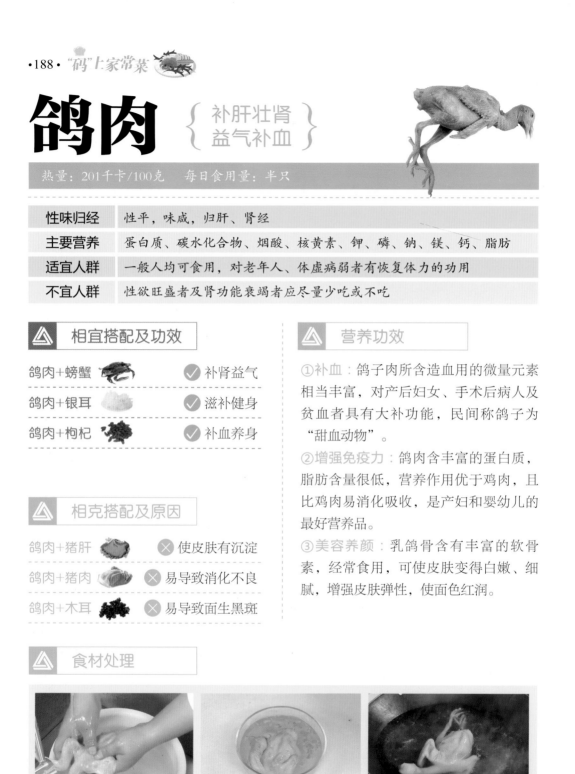

鸽肉

{ 补肝壮肾
益气补血 }

热量：201千卡/100克　　每日食用量：半只

性味归经	性平，味咸，归肝、肾经
主要营养	蛋白质、碳水化合物、烟酸、核黄素、钾、磷、钠、镁、钙、脂肪
适宜人群	一般人均可食用，对老年人、体虚病弱者有恢复体力的功用
不宜人群	性欲旺盛者及肾功能衰竭者应尽量少吃或不吃

相宜搭配及功效

鸽肉+螃蟹 　✓ 补肾益气

鸽肉+银耳 　✓ 滋补健身

鸽肉+枸杞 　✓ 补血养身

相克搭配及原因

鸽肉+猪肝 　✗ 使皮肤有沉淀

鸽肉+猪肉 　✗ 易导致消化不良

鸽肉+木耳 　✗ 易导致面生黑斑

营养功效

①补血：鸽子肉所含造血用的微量元素相当丰富，对产后妇女、手术后病人及贫血者具有大补功能，民间称鸽子为"甜血动物"。

②增强免疫力：鸽肉含丰富的蛋白质，脂肪含量很低，营养作用优于鸡肉，且比鸡肉易消化吸收，是产妇和婴幼儿的最好营养品。

③美容养颜：乳鸽骨含有丰富的软骨素，经常食用，可使皮肤变得白嫩、细腻，增强皮肤弹性，使面色红润。

食材处理

①将去毛、去内脏的鸽子洗净。

②将鸽子放生姜汁水中，浸泡15分钟左右洗净。

③锅注水烧开，将鸽子余烫5分钟，洗净即可。

黄花菜炖乳鸽

材料 乳鸽肉400克，水发黄花菜100克，红枣20克，枸杞10克，花椒、姜片、葱段各少许

调料 盐、鸡粉各2克，料酒7毫升

做法

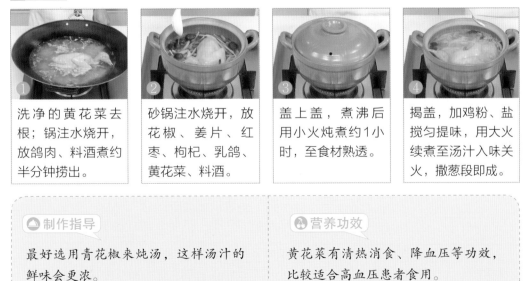

① 洗净的黄花菜去根；锅注水烧开，放鸽肉、料酒煮约半分钟捞出。

② 砂锅注水烧开，放花椒、姜片、红枣、枸杞、乳鸽、黄花菜、料酒。

③ 盖上盖，煮沸后用小火炖煮约1小时，至食材熟透。

④ 揭盖，加鸡粉、盐搅匀提味，用大火续煮至汤汁入味关火，撒葱段即成。

制作指导

最好选用青花椒来炖汤，这样汤汁的鲜味会更浓。

营养功效

黄花菜有清热消食、降血压等功效，比较适合高血压患者食用。

百合白果鸽子煲

材料 干百合30克，白果50克，鸽肉300克，姜片、葱段各少许

调料 盐2克，鸡粉2克，料酒10毫升

做法

① 将处理干净的鸽肉斩块；锅注水烧开，倒鸽肉拌匀煮沸捞出，沥干水分。

② 砂锅注水烧开，放干百合、白果、姜片、鸽肉、料酒。

③ 盖上盖，烧开后用小火炖1小时，至食材熟烂。

④ 揭盖，放入盐、鸡粉搅拌片刻，至食材入味即可。

制作指导

白果有轻微的毒性，在熬煮前可以先焯煮一会儿。

营养功效

百合具有养阴润肺、清心安神等功效，适用于肺热久嗽等症。

天麻黄精炖乳鸽

材料 天麻10克，黄精12克，枸杞8克，姜片25克，乳鸽1只

调料 料酒20毫升，盐2克，鸡粉2克

做法

①锅注水烧开，放入处理干净的乳鸽，淋入料酒，汆去血水捞出。

②砂锅注水烧开，倒入药材，撒入姜片，放乳鸽、料酒。

③盖上盖，烧开后用小火炖1小时，至食材熟烂。

④揭开盖，加入盐、鸡粉搅拌匀，至食材入味。

⑤关火后，盛出炖好的乳鸽，装入碗中即可。

制作指导

黄精比较难清洗，可用软毛刷刷洗表面。

菌菇鸽子汤

材料 鸽子肉400克，蟹味菇80克，香菇75克，姜片、葱段各少许

调料 盐、鸡粉各2克，料酒8毫升

做法

①洗净的鸽子肉斩成小块。

②锅注水烧开，倒入鸽肉块、料酒搅拌匀，煮约半分钟汆去血水，捞出。

③砂锅注水烧开，倒入鸽肉、姜片、料酒盖上盖，烧开后炖煮约20分钟。

④倒入洗净的蟹味菇、香菇拌匀，盖好盖，用小火续煮约15分钟。

⑤揭开盖，加入少许鸡粉、盐，拌匀调味盛出，撒上葱段即成。

制作指导

鸽子肉肉质较嫩，放入的姜片不宜过多，以免影响鸽肉的鲜味。

鸡蛋

{ 健脑益智
美容护肤 }

热量：156千卡/100克　每日食用量：1～2个

性味归经	味甘、平，归脾、胃经
主要营养	蛋白质、维生素、氨基酸、卵磷脂、甘油三酯、微量元素等
适宜人群	肝硬化、骨质疏松症、更年期综合征、贫血等病症者
不宜人群	肝炎、高热、腹泻、胆石症、皮肤生疮化脓等病症者，肾病患者

相宜搭配及功效

鸡蛋+丝瓜	✓ 润肺、美肤
鸡蛋+菠菜	✓ 利于维生素吸收
鸡蛋+西红柿	✓ 预防心血管疾病
鸡蛋+苋菜	✓ 增强人体免疫力

相克搭配及原因

鸡蛋+豆浆	✗ 降低营养
鸡蛋+大蒜	✗ 降低营养
鸡蛋+茶	✗ 影响蛋白质吸收

营养功效

①健脑益智：鸡蛋富含DHA和卵磷脂、卵黄素，对神经系统和身体发育有利，能健脑益智，改善记忆力，并促进肝细胞再生。

②增强免疫力：蛋黄中的卵磷脂可促进肝细胞的再生，还可提高人体血浆蛋白量，增强机体的代谢功能和免疫功能。

③防癌抗癌：鸡蛋中含有较多的维生素B_2，可以分解和氧化人体内的致癌物质。鸡蛋中的微量元素，如硒、锌等也都具有防癌作用。

食材处理

①取煮熟去壳的鸡蛋，纵向对切。

②取一半，再纵向对切，另一半鸡蛋也用刀对半切开。

圆椒炒鸡蛋

🔄 材料　鸡蛋120克，彩椒80克，葱花少许

⚖ 调料　盐3克，鸡粉2克，水淀粉、食用油各适量

✅ 做法

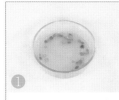

❶ 洗净的彩椒去子切丝；鸡蛋加盐、葱花拌匀，制成蛋液，备用。

❷ 用油起锅，倒入蛋液翻炒至六成熟盛出，装入盘中。

❸ 锅底留油，倒入彩椒炒至其变软，加入适量盐、鸡粉，炒匀调味。

❹ 倒入鸡蛋，用中火炒至食材八成熟，倒入水淀粉勾芡即成。

💬 制作指导

倒入炒好的鸡蛋时，可以再加入少许芝麻油，这样菜肴的口感会更好。

🍃 营养功效

鸡蛋有补气益肾、强身健体的功效，对增强心脏功能等有一定帮助。

西葫芦炒鸡蛋

材料 鸡蛋2个，西葫芦120克，葱花少许

调料 盐2克，鸡粉2克，水淀粉3毫升，食用油适量

做法

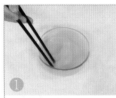

① 洗净的西葫芦切片；鸡蛋加盐、鸡粉打散、调匀。

② 锅注水烧开，放盐、食用油、西葫芦搅匀，煮1分钟捞出。

③ 锅注油烧热，倒入蛋液炒熟，倒入西葫芦炒均匀，加入盐、鸡粉炒匀。

④ 倒入适量水淀粉快速翻炒均匀，放入葱花炒均匀即可。

制作指导

炒鸡蛋时不要放味精，以免鸡蛋的鲜味被味精掩盖。

营养功效

鸡蛋有清热、解毒、消炎、保护黏膜的作用。

鳕鱼蒸鸡蛋

材料 鳕鱼100克，鸡蛋2个，南瓜150克

调料 盐1克

做法

① 将洗净的南瓜切成片；鸡蛋打入碗中，打散调匀。

② 烧开蒸锅，放入南瓜、鳕鱼，用中火蒸15分钟至熟取出；用刀把鳕鱼压烂，剁成泥状；把南瓜压烂，剁成泥状。

③ 在蛋液中加南瓜、部分鳕鱼、盐拌匀，放在烧开的蒸锅内，用小火蒸8分钟取出，再放上剩余的鳕鱼肉即可。

制作指导

鳕鱼可先切成小块再蒸，这样能缩短蒸煮的时间。

洋葱木耳炒鸡蛋

材料 鸡蛋2个，洋葱45克，水发木耳40克，蒜末、葱段各少许

调料 盐3克，料酒5毫升，水淀粉、食用油各适量

做法

① 洗净的洋葱切丝；洗好的木耳切块；鸡蛋加盐、水淀粉打散，制成蛋液。

② 锅注水烧开，加油、盐、木耳搅匀，煮约1分钟；用油起锅，倒入蛋液炒至七成熟盛出。

③ 锅底留油，放入蒜末爆香，倒入洋葱丝炒软，放木耳炒匀，淋料酒炒香，加盐调味，倒入鸡蛋翻炒，撒上葱段炒香，倒水淀粉勾芡即成。

制作指导

鸡蛋易熟，最好选用大火快炒，可保持鲜嫩口感。

鸭蛋

{ 滋阴清肺
消毒降火 }

热量：180千卡/100克　　每日食用量：1个

性味归经	性凉，味甘、咸，归肺、胃经
主要营养	蛋白质、糖类、维生素A、维生素B$_1$、磷、铁、镁、钾、钠、氯等
适宜人群	肺热咳嗽、咽喉痛、泻痢、甲亢等症者
不宜人群	寒湿下痢、食后气滞痞闷以及患有癌症、高血压等病症者

相宜搭配及功效

鸭蛋+银耳　　　　✔ 滋肾补脑

鸭蛋+百合　　　　✔ 滋阴润肺

鸭蛋+马齿苋　　　✔ 有利于肠胃消化

鸭蛋+黑木耳　　　✔ 提神健脑

相克搭配及原因

鸭蛋+甲鱼　　　　✘ 久食令人阴虚

鸭蛋+桑葚　　　　✘ 引起肠胃不适

鸭蛋+李子　　　　✘ 易引起中毒

营养功效

①强身健体：鸭蛋中蛋白质的含量和鸡蛋一样，比较高，有强壮身体的作用。

②促进发育：鸭蛋中微量元素超过鸡蛋很多，特别是人体中迫切需要的铁和钙，在咸鸭蛋中更是丰富，对骨骼发育有益，并能预防贫血。

③防癌抗癌：鸭蛋含有较多的维生素B$_2$，是补充B族维生素的理想食品之一，可防癌抗癌。

④促进造血功能：鸭蛋中的铁、磷和钙含量较多，它们容易被人体吸收利用，对人体造血功能有很大的作用。

食材处理

①将鸭蛋放进盆里，然后注入清水。

②用毛刷刷洗鸭蛋表面。

③用清水将鸭蛋冲洗干净，沥干水分即可。

香菇肉末蒸鸭蛋

🔹 **材料** 香菇45克，鸭蛋2个，肉末200克，葱花少许

🔸 **调料** 盐3克，鸡粉3克，生抽4毫升，食用油适量

⚪ **做法**

❶ 洗好的香菇切粒；鸭蛋搅散，加盐、鸡粉、温水拌匀，倒入蒸碗中。

❷ 用油起锅，放肉末炒变色，加香菇、生抽、盐、鸡粉炒匀，放入蒸锅。

❸ 盖上盖，用小火蒸约10分钟至蛋液凝固，揭盖，放香菇肉末。

❹ 再盖上盖，用小火再蒸2分钟至熟取出，撒入葱花，浇上熟油即可。

🔺 **制作指导**

鸭蛋需要蒸两次，应该把握好时间，以免口感变老。

🔶 **营养功效**

香菇具有降血压、降胆固醇、降血脂的作用，还可预防动脉硬化等疾病。

嫩姜炒鸭蛋

🔖 **材料** 嫩姜90克，鸭蛋2个，葱花少许

🔖 **调料** 盐4克，鸡粉2克，水淀粉4毫升，食用油少许

🔖 **做法**

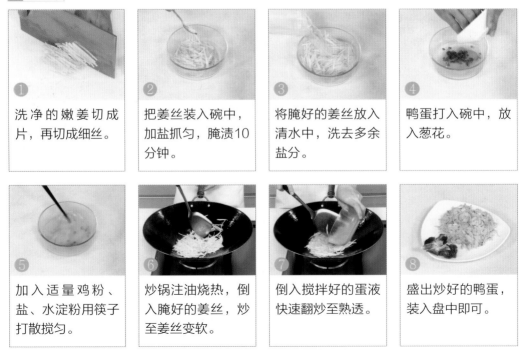

❶ 洗净的嫩姜切成片，再切成细丝。

❷ 把姜丝装入碗中，加盐抓匀，腌渍10分钟。

❸ 将腌好的姜丝放入清水中，洗去多余盐分。

❹ 鸭蛋打入碗中，放入葱花。

❺ 加入适量鸡粉、盐、水淀粉用筷子打散搅匀。

❻ 炒锅注油烧热，倒入腌好的姜丝，炒至姜丝变软。

❼ 倒入搅拌好的蛋液快速翻炒至熟透。

❽ 盛出炒好的鸭蛋，装入盘中即可。

鸭蛋炒洋葱

材料　鸭蛋2个，洋葱80克

调料　盐3克，鸡粉2克，水淀粉4毫升，食用油适量

做法

❶ 去皮洗净的洋葱切丝，备用。

❷ 鸭蛋打入碗中，放入少许鸡粉、盐。

❸ 倒入水淀粉，用筷子打散、调匀。

❹ 锅倒油烧热，放入洋葱炒至变软。

❺ 加盐炒匀调味，倒入蛋液翻炒至熟。

❻ 关火后将炒熟的鸭蛋盛出，装入盘中即可。

制作指导　调好的蛋液中加入少许鱼露，拌匀后再炒制，可去除鸭蛋的腥味。

营养功效　洋葱是天然的血液稀释剂，能扩张血管，降低血液黏稠度，具有降血压、增加冠状动脉的血流量、预防血栓形成的作用。

鹌鹑蛋

{ 益智健脑
强筋壮骨 }

热量：160千卡/100克　　每日食用量：3～5个

性味归经	性平，味甘，归肝、肾经
主要营养	蛋白质，维生素，脑磷脂，卵磷脂，赖氨酸，微量元素铁、磷、钙等
适宜人群	一般人群均可食用，最适合体质虚弱、营养不良、气血不足者
不宜人群	脑血管疾病患者、胆结石病人

相宜搭配及功效

鹌鹑蛋+银耳　　　✓ 益气养血

鹌鹑蛋+韭菜　　　✓ 缓解肾虚腰痛

鹌鹑蛋+牛奶　　　✓ 增强免疫力

相克搭配及原因

鹌鹑蛋+香菇　　　✗ 面生黑斑

鹌鹑蛋+猪肝　　　✗ 降低营养价值

鹌鹑蛋+螃蟹　　　✗ 易中毒

营养功效

①抗过敏：鹌鹑蛋含有一种特殊的抗过敏蛋白，能预防因为吃鱼虾发生的皮肤过敏以及一些药物性过敏。

②健脑益智：鹌鹑蛋中所含的丰富的卵磷脂和脑磷脂，是高级神经活动不可缺少的营养物质，具有健脑的作用。

③防治心脏病：鹌鹑蛋中含有能减低血压的维生素P等物质，是心血管疾病患者的滋补佳品。

④增强免疫力：鹌鹑蛋中含有大量的各种人体所需的营养素，适量食用可增强人体免疫力。

食材处理

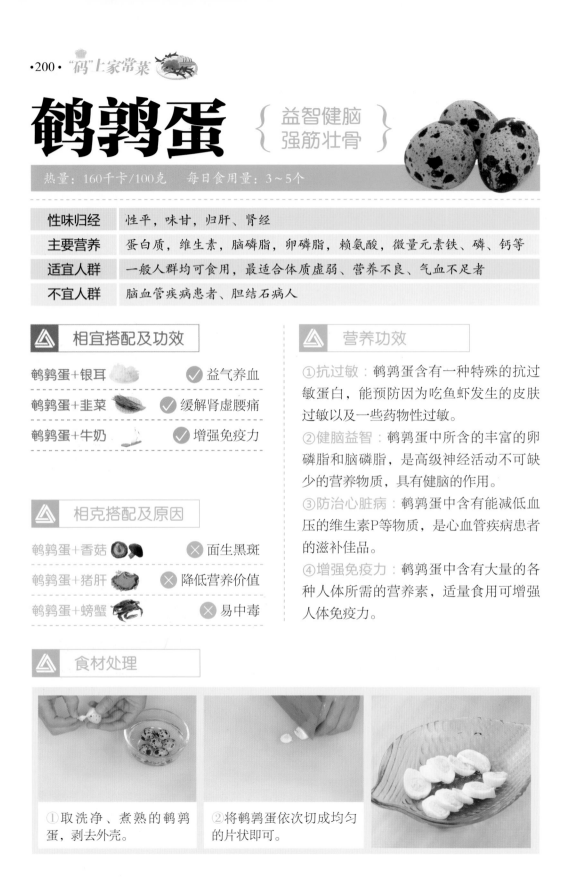

①取洗净、煮熟的鹌鹑蛋，剥去外壳。

②将鹌鹑蛋依次切成均匀的片状即可。

鹌鹑蛋烧板栗

⊙ **材料** 熟鹌鹑蛋120克，胡萝卜80克，板栗肉70克，红枣15克

⊙ **调料** 盐、鸡粉各2克，生抽5毫升，生粉15克，水淀粉、食用油各适量

⊙ **做法**

① 鹌鹑蛋加生抽、生粉拌匀；去皮洗净的胡萝卜切块；板栗肉切块。

② 锅注油烧热，下鹌鹑蛋炸起虎皮，倒入板栗炸干水分，捞出。

③ 用油起锅注水，倒红枣、胡萝卜、炸过的食材拌匀，加入盐、鸡粉。

④ 煮沸后用小火焖煮约15分钟，淋入水淀粉勾芡即成。

⊙ **制作指导**

熟鹌鹑蛋的表皮很嫩，炸的时候要选用中小火，以免炸糊。

⊙ **营养功效**

鹌鹑蛋所含的蛋白质极易被人体吸收，最适合体质虚弱者。

木瓜银耳炖鹌鹑蛋

材料 木瓜200克，水发银耳100克，鹌鹑蛋90克，红枣20克，枸杞10克

调料 白糖40克

做法

❶ 洗净去皮的木瓜切小块；洗好的银耳切成小块。

❷ 砂锅注水烧开，放入红枣、木瓜、银耳搅匀，用小火炖20分钟。

❸ 放入鹌鹑蛋、冰糖煮5分钟，至冰糖溶化。

❹ 加入洗净的枸杞略煮片刻，继续搅拌使其更入味即可。

🔺**制作指导**

鹌鹑蛋煮熟后放入冷水中泡一下，可以更容易去除蛋壳。

☢**营养功效**

银耳有增强免疫力、补脾开胃、益气清肠的功效。

Part 5

水产海鲜篇

　　水是生命之源，水维持人类生理平衡的同时，也为人类孕育了鲜美的食物——水产海鲜。水产海鲜已然成为了现今人们不可或缺的一类食物，人们充分发挥智慧的魅力，让水产海鲜成为餐桌上的美味佳肴。味道鲜美、口感嫩滑的水产海鲜，种类繁多，营养丰富，本章将为大家详细地介绍烹饪水产海鲜的诀窍，让普通的鱼虾蟹贝化为一道道让人垂涎欲滴的美味。

鲤鱼

{ 补脾健胃
清热解毒 }

热量：115千卡/100克　　每日食用量：约100克

性味归经	性平，味甘，归脾、肾经
主要营养	蛋白质、维生素A、钾、磷、钠、钙
适宜人群	一般人群皆可食用，尤其食欲低下、胎动不安者宜食
不宜人群	红斑狼疮、支气管哮喘、恶性肿瘤、淋巴结核、皮肤湿疹者忌食

相宜搭配及功效

鲤鱼+白菜　　　　　✅ 防治水肿

鲤鱼+豆腐　　　　　✅ 促进蛋白质吸收

鲤鱼+香菇　　　　　✅ 提供全面营养素

鲤鱼+冬瓜　　　　　✅ 利尿消肿

相克搭配及原因

鲤鱼+鸡肉　　　　　❌ 功能相克

鲤鱼+鸡蛋　　　　　❌ 易产生异味

鲤鱼+绿豆　　　　　❌ 皆利水

营养功效

①增强免疫力：鲤鱼中蛋白质含量高，氨基酸组成与人体需求相近，易于被人体吸收，鱼肉中含有大量的氨基乙磺酸，具有增强人体免疫力的作用，同时又是促进婴儿视力、大脑发育的必不可少的养分。

②预防心脏病：鲤鱼肉富含不饱和脂肪酸，能在一定程度上预防心血管疾病。

③维持正常血压：鲤鱼所含的氨基乙磺酸还具有维持正常血压，防止动脉硬化、高血压，还可增强肝脏等功能，有防止视力衰退和提高暗视野的能力。

食材处理

①将鲤鱼的鱼鳞刮去，用清水冲洗掉。

②去掉鱼鳃，剖开鱼腹，把鱼的内脏清理干净。

③最后将鱼用清水冲洗干净即可。

豉油蒸鲤鱼

🔸 **材料** 净鲤鱼300克，姜片20克，葱段15克，彩椒丝、姜丝、葱丝各少许

🔹 **调料** 盐3克，胡椒粉2克，蒸鱼豉油15毫升，食用油少许

🔘 **做法**

❶ 取一蒸盘，摆上葱段、鲤鱼、姜片，撒上盐腌渍片刻。

❷ 蒸锅烧开，放入蒸盘，盖上盖，用大火蒸约7分钟。

❸ 揭开盖，取出鲤鱼，拣出姜片、葱段，撒上姜丝、彩椒丝、葱丝。

❹ 撒上胡椒粉，浇上热油，淋入适量蒸鱼豉油即成。

🔺 **制作指导**
在鲤鱼上切几处花刀再撒上盐，这样会更容易入味。

🔺 **营养功效**
鲤鱼肉富含多种营养，有补气、健脾、养胃、祛风等功效。

鲫鱼 { 明目益智 健脑益智 }

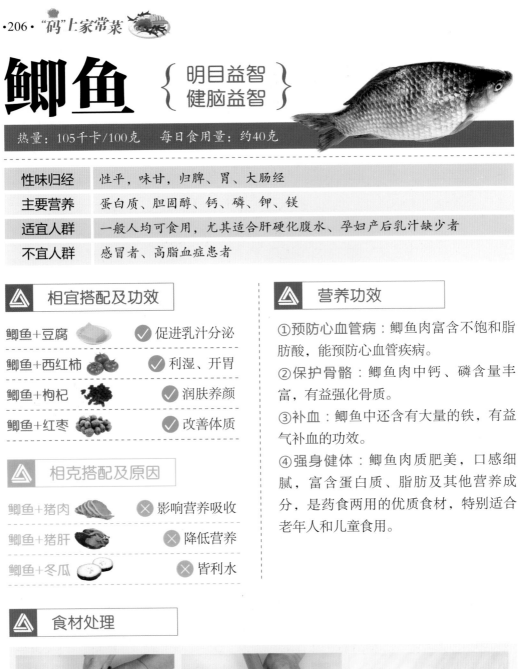

热量：105千卡/100克　　每日食用量：约40克

性味归经	性平，味甘，归脾、胃、大肠经
主要营养	蛋白质、胆固醇、钙、磷、钾、镁
适宜人群	一般人均可食用，尤其适合肝硬化腹水、孕妇产后乳汁缺少者
不宜人群	感冒者、高脂血症患者

相宜搭配及功效

鲫鱼+豆腐　✅ 促进乳汁分泌

鲫鱼+西红柿　✅ 利湿、开胃

鲫鱼+枸杞　✅ 润肤养颜

鲫鱼+红枣　✅ 改善体质

相克搭配及原因

鲫鱼+猪肉　❌ 影响营养吸收

鲫鱼+猪肝　❌ 降低营养

鲫鱼+冬瓜　❌ 皆利水

营养功效

①预防心血管病：鲫鱼肉富含不饱和脂肪酸，能预防心血管疾病。

②保护骨骼：鲫鱼肉中钙、磷含量丰富，有益强化骨质。

③补血：鲫鱼中还含有大量的铁，有益气补血的功效。

④强身健体：鲫鱼肉质肥美，口感细腻，富含蛋白质、脂肪及其他营养成分，是药食两用的优质食材，特别适合老年人和儿童食用。

食材处理

①取一条洗净的鲫鱼，纵向在中间切一条刀纹。

②在刀纹一侧和另一侧均匀地剁上刀纹。

黄花菜鲫鱼汤

🔖 材料 鲫鱼350克，水发黄花菜170克，姜片、葱花各少许

🔖 调料 盐3克，鸡粉2克，料酒10毫升，胡椒粉少许，食用油适量

🔖 做法

锅注油烧热，加姜片爆香，放入鲫鱼煎出焦香味盛出，待用。

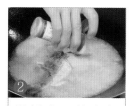

锅倒水，放入鲫鱼、料酒，加盐、鸡粉、胡椒粉。

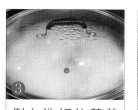

倒入洗好的黄花菜，盖上盖，用中火煮3分钟。

揭盖，把煮好的鱼汤盛出，装入汤碗中，撒葱花即可。

🔺 制作指导

鲫鱼入锅前要把鱼身上的水擦干，以免溅出油。

🔺 营养功效

鲫鱼对降低胆固醇和血液黏稠度，降低血压有良好的作用。

菠萝蜜鲫鱼汤

📋 **材料** 净鲫鱼400克，菠萝蜜果肉100克，菠萝蜜果核90克，瘦肉85克，姜片、葱花各少许

🧂 **调料** 盐3克，鸡粉2克，料酒6毫升，食用油适量

🍳 **做法**

❶ 洗净的猪肉切丁；洗净的菠萝蜜果肉切小块。

❷ 用油起锅，放入姜片爆香，倒入鲫鱼煎香。

❸ 翻转鱼身，再煎约1分钟至两面呈焦黄色。

❹ 淋入料酒提味，注入适量开水。

❺ 倒入瘦肉丁，放洗净的菠萝蜜果核。

❻ 再倒入切好的菠萝蜜果肉，加入盐、鸡粉调味。

❼ 盖上盖，转小火煮约10分钟，至食材熟软入味。

❽ 盛出煲煮好的鲫鱼汤装碗，撒上葱花即成。

山药蒸鲫鱼

🔷 **材料** 鲫鱼400克，山药80克，葱段30克，姜片20克，葱花、枸杞各少许

🔶 **调料** 盐2克，鸡粉2克，料酒8毫升

🔵 **做法**

① 洗净去皮的山药切成粒；处理干净的鲫鱼切"一"字花刀。

② 鲫鱼放姜片、葱段、料酒、盐、鸡粉拌匀。

③ 腌渍15分钟，装入盘中，撒上山药、姜片。

④ 蒸盘放入蒸锅，盖上盖，用大火蒸10分钟。

⑤ 揭盖，取出蒸好的山药鲫鱼。

⑥ 夹去姜片，撒上葱花、枸杞即可。

🔺 **制作指导** 蒸鲫鱼时不用放过多调料，否则会影响鲫鱼的鲜味。

🔴 **营养功效** 山药含有黏液蛋白、维生素及微量元素，能有效阻止血脂在血管壁的沉积，可预防心血管疾病，对高血压患者尤为适宜。

鲢鱼

{ 温中益气
利水止咳 }

热量：104千卡/100克　　每日食用量：80～100克

性味归经	性温，味甘，归脾、胃经
主要营养	蛋白质、脂肪、维生素E、钾、磷、钙等
适宜人群	脾胃气虚、营养不良、肾炎水肿、小便不利、肝炎患者
不宜人群	甲亢病人，感冒、发烧、无名肿毒、目赤肿痛等病症者

相宜搭配及功效

鲢鱼+豆腐　　✅ 解毒美容

鲢鱼+丝瓜　　✅ 生血、通乳

鲢鱼+白萝卜　✅ 利水消肿

鲢鱼+苹果　　✅ 治疗腹泻

相克搭配及原因

鲢鱼+西红柿　❌ 对铜的代谢产生抑制

鲢鱼+猪肉　　❌ 不利于健康

鲢鱼+甘草　　❌ 对身体不利

营养功效

①预防心血管病：鲢鱼肉含 $\Omega-3$ 脂肪酸，能预防癌症，还可预防心血管疾病的发生。

②美容护肤：鲢鱼富含胶质蛋白，对皮肤粗糙、脱屑、头发干脆易脱落等症均有一定的疗效。

③健脑益智：鲢鱼中富含蛋白质、氨基酸，儿童常吃可促进智力发育。

④健体瘦身：鲢鱼是一种高蛋白低脂肪的食材，其他营养元素也相当丰富，适宜爱美女性食用。

食材处理

①取一块洗净的鱼肉，用刀将鱼从中间切成两半。

②取一半，在整块鱼肉切上均匀的一字刀即可。

姜丝鲢鱼豆腐汤

🥘 **材料** 鲢鱼肉150克，豆腐100克，姜丝、葱花各少许

🍶 **调料** 盐3克，鸡粉3克，胡椒粉、水淀粉、食用油各适量

🍳 **做法**

❶ 洗净的豆腐切块；洗好的鱼肉切片。

❷ 鱼肉放盐、鸡粉、水淀粉抓匀，注油，腌渍10分钟至入味。

❸ 用油起锅，放姜丝爆香，倒水煮沸，加盐、鸡粉、胡椒粉、豆腐拌匀。

❹ 煮2分钟，倒入鱼肉片搅匀，再煮2分钟，盛出撒上葱花即成。

🔺 **制作指导**

鲢鱼肉尽量切得薄一些，不仅易熟，还更易入味。

🍴 **营养功效**

鲢鱼有温中益气、祛除脾胃寒气、利水止咳的作用。

草鱼

{ 暖胃和中
平降肝阳 }

热量：91千卡/100克　　每日食用量：约100克

性味归经	性温，味甘，归肝、胃经
主要营养	蛋白质、脂肪、维生素E、钾、磷、钠、钙等
适宜人群	一般人群均可食用，尤其适合冠心病、高血压患者
不宜人群	女子在月经期不宜食用

相宜搭配及功效

草鱼+豆腐	✓ 促进骨骼发育
草鱼+黑木耳	✓ 促进血液循环
草鱼+鸡蛋	✓ 温补强身
草鱼+醋	✓ 营养价值高

相克搭配及原因

草鱼+甘草	✗ 引起不良反应
草鱼+驴肉	✗ 引发心脑血管病
草鱼+西红柿	✗ 抑制铜元素吸收

营养功效

①预防心血管病：草鱼肉富含不饱和脂肪酸，有助于预防心血管疾病。

②预防肿瘤：草鱼富含硒，可以养颜、预防肿瘤。

③抗衰老：草鱼含有丰富的蛋白质、脂肪，含有多种维生素，还含有核酸和锌，有增强体质、延缓衰老的作用。

④补脾暖胃：中医认为，草鱼肉性温味甘，无毒，有补脾暖胃、补益气血、平肝祛风的功效。

食材处理

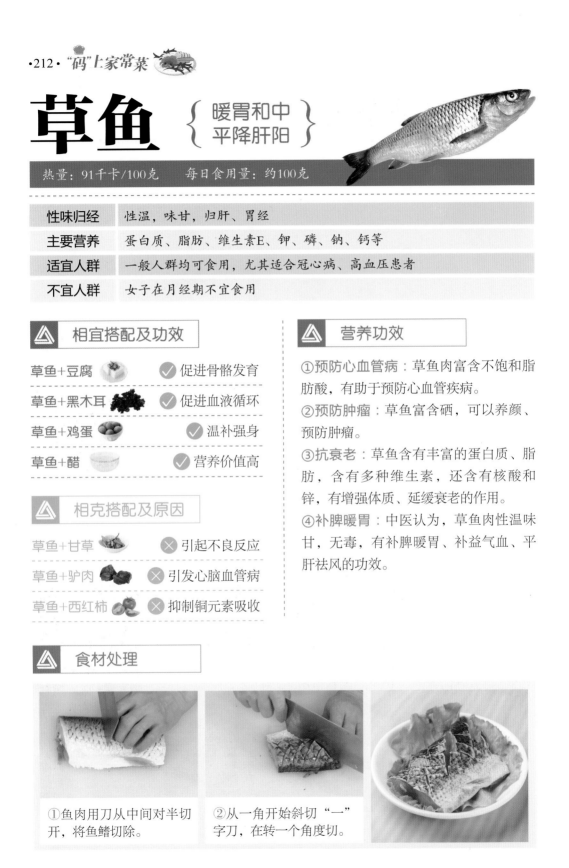

①鱼肉用刀从中间对半切开，将鱼鳍切除。

②从一角开始斜切"一"字刀，在转一个角度切。

啤酒炖草鱼

🥦 **材料** 草鱼块350克，啤酒200毫升，姜片、蒜末、葱段各少许

🍶 **调料** 盐3克，鸡粉2克，料酒4毫升，食用油适量

🍜 **做法**

❶ 草鱼放入盐、料酒拌匀，腌渍约10分钟，去除鱼腥味。

❷ 用油起锅，倒入姜片爆香，放鱼块小火煎至发出香味。

❸ 加蒜末、啤酒、盐、鸡粉拌匀。

❹ 盖盖，煮沸后用小火煮约5分钟盛出，撒葱段即成。

🔺 **制作指导**

草鱼煎的时候要不停地转动炒锅，否则容易使鱼肉的味道涩口。

🔺 **营养功效**

食用草鱼对血液循环有利，心血管病人应多食。

芦笋鱼片卷

材料 草鱼肉140克，芦笋100克，胡萝卜90克

调料 盐3克，鸡粉2克，生粉15克，水淀粉、芝麻油、食用油各适量

做法

① 胡萝卜洗净切丝；芦笋洗好切段；鱼肉切片，放盐、鸡粉、水淀粉、芝麻油拌匀。

② 腌渍10分钟；锅注水烧开，加盐、油、胡萝卜煮1分钟，放芦笋煮半分钟。

③ 案板撒生粉，铺平鱼片，放上焯水食材包好，制成鱼卷生坯，码入蒸盘。

④ 蒸锅烧开放蒸盘，用大火蒸约5分钟至食材熟透，取出蒸好的菜肴即可。

制作指导

菜肴蒸好后淋入少许蒸鱼豉油，可使鱼肉的味道更鲜美。

营养功效

草鱼的不饱和脂肪酸含量很丰富，对血液循环很有利。

🌿 木耳炒鱼片

材料 草鱼肉120克，水发木耳50克，彩椒40克，姜片、葱段、蒜末各少许

调料 盐3克，鸡粉2克，生抽、料酒、水淀粉、食用油各适量

做法

①洗净的木耳、彩椒切成小块；洗净的草鱼切片，加鸡粉、盐、水淀粉拌匀上浆，注油腌渍约10分钟。

②锅注油烧热，放鱼肉滑油至鱼肉断生，捞出。

③锅底留油，放入姜片、蒜末、葱段爆香，倒入彩椒、木耳炒匀，倒入草鱼片、料酒、鸡粉、盐、生抽、水淀粉快速翻炒片刻即成。

💬 **制作指导**

切草鱼时宜用斜刀，不仅更易入味，而且外形美观。

🌿 木瓜草鱼汤

材料 草鱼肉300克，木瓜230克，姜片、葱花各少许

调料 盐3克，鸡粉3克，水淀粉6毫升，炼乳、胡椒粉、食用油各适量

做法

①洗净去皮的木瓜切片；洗好的草鱼肉切片，加盐、鸡粉、胡椒粉、水淀粉拌匀，倒油腌渍10分钟。

②用油起锅，倒入姜片、木瓜炒匀，倒水煮沸，加炼乳煮化，盖盖煮至入味。

③揭盖，加盐、鸡粉、胡椒粉拌匀，倒入鱼片搅散，继续搅动片刻煮至沸。

④关火后盛出煮好的汤料，装入碗中，撒入葱花即可。

💬 **制作指导**

木瓜不要煮太久，以免破坏其营养成分。

黄鱼

{ 开胃益气
明目安神 }

热量：100千卡/100克　　每日食用量：约100克

性味归经	性平，味咸、甘，归肝、肾经
主要营养	蛋白质、维生素A、维生素E、钙、磷、铁、硒、烟酸、核黄素
适宜人群	一般人群均可食用，尤其适合贫血、头晕及体虚等病症者
不宜人群	患哮喘、过敏等病症者

相宜搭配及功效

黄鱼+茼蒿　　✅ 暖胃益脾

黄鱼+西红柿　✅ 促进骨骼发育

黄鱼+蒜薹　　✅ 润肺健脾

黄鱼+莼菜　　✅ 增强免疫力

相克搭配及原因

黄鱼+牛油　　❌ 加重肠胃负担

黄鱼+洋葱　　❌ 形成结石

黄鱼+荞麦　　❌ 引起消化不良

营养功效

①抗衰老：黄鱼含有丰富的微量元素硒，能清除人体代谢产生的自由基，可延缓衰老，并对各种癌症有一定的防治功效。

②增强免疫力：黄鱼含有丰富的蛋白质、微量元素和维生素，对人体有很好的补益作用，对体质虚弱和中老年人来说，食用黄鱼会收到很好的食疗效果。

③健脾开胃：中医认为，黄鱼有健脾开胃、安神益气之功效，对贫血、失眠、头晕、食欲不振及妇女产后体虚有良好疗效。

食材处理

①刮去鱼鳞。

②从尾部切一刀，刀口向背脊线方向倾斜，剖开。

③将鱼撑开，清除内脏，冲洗干净即可。

🍵 蒜烧黄鱼

📍 **材料** 黄鱼400克，大蒜35克，姜片、葱段、香菜各少许

🥄 **调料** 盐3克，鸡粉2克，生抽8毫升，料酒8毫升，生粉35克，白糖、蚝油、老抽、食用油适量

🍲 **做法**

① 蒜切片；黄鱼洗净切上"一"字花刀，放盐、生抽、料酒抹匀腌渍15分钟。

② 鱼身撒生粉；锅注油烧热，放黄鱼炸至金黄色，捞出。

③ 锅留油，放蒜、姜、葱爆香，加水、盐、鸡粉、白糖、生抽、蚝油、老抽煮沸。

④ 放黄鱼煮2分钟盛出；锅中淋水淀粉调成浓汁，浇在鱼上，放香菜即可。

☁ **制作指导**
黄鱼不宜经常翻动，可以用勺子舀汤汁淋在鱼上，使黄鱼均匀入味。

🔥 **营养功效**
黄鱼能促进血液中毒素和胆固醇的代谢，从而达到降血压的作用。

鲈鱼

{ 健脾益肾 健身补血 }

热量：105千卡/100克　　每日食用量：约100克

性味归经	性平，味甘、淡，归脾、胃、肝经
主要营养	蛋白质、烟酸、维生素B2、钙、钾等
适宜人群	贫血头晕、慢性肾炎、习惯性流产、胎动不安、产后乳汁缺乏者
不宜人群	皮肤病疮肿患者

相宜搭配及功效

鲈鱼+生姜 ✓ 补中安胎

鲈鱼+胡萝卜 ✓ 益智健脑

鲈鱼+南瓜 ✓ 增强免疫力

鲈鱼+人参 ✓ 促进代谢

相克搭配及原因

鲈鱼+奶酪 ✗ 影响钙的吸收

鲈鱼+蛤蜊 ✗ 造成铁的流失

营养功效

①预防心血管病：鲈鱼肉富含不饱和脂肪酸，经常食用可预防心血管疾病。

②预防骨质疏松：鲈鱼肉富含维生素D，维生素D能促进人体对钙的吸收，可预防骨质疏松。

③保护神经系统：鲈鱼血中含有较多的铜元素，铜能维持神经系统的正常功能，并参与数种物质代谢的关键酶的功能发挥。铜元素缺乏的人可食用鲈鱼来补充。

食材处理

①将鲈鱼洗净，去鱼头，切成两半。

②将鱼鳍切除，将鱼肉切成均匀的条状即可。

清蒸开屏鲈鱼

🔄 **材料** 鲈鱼500克，姜丝、葱丝、彩椒丝各少许

🔢 **调料** 盐2克，鸡粉2克，胡椒粉少许，蒸鱼豉油少许，料酒8毫升

🔄 **做法**

❶ 将处理好的鲈鱼切去背鳍，切下鱼头，将鱼背部切成相连的块。

❷ 鲈鱼放盐、鸡粉、胡椒粉、料酒抓匀，腌渍10分钟。

❸ 摆成孔雀开屏形，放烧开的蒸锅中，盖盖用大火蒸7分钟取出。

❹ 撒上姜丝、葱丝、彩椒丝，浇上少许热油，淋蒸鱼豉油即可。

🔺 **制作指导**

切"一"字刀时，将鱼背立起来切比较省力，不容易破坏鲈鱼的完整性。

🔺 **营养功效**

鲈鱼具有降低胆固醇、降血脂的作用，是高血脂患者的理想食材。

剁椒蒸鲈鱼

🔖 **材料** 净鲈鱼300克，剁椒45克，姜片、葱花各少许

🔖 **调料** 盐3克，鸡粉2克，生粉15克，料酒5毫升，水淀粉、食用油各适量

🔖 **做法**

① 鲈鱼肉切片，加盐、鸡粉、水淀粉、姜片拌匀，注油腌渍约10分钟。

② 剁椒倒入生粉、鸡粉、食用油搅拌均匀，制成味汁；取蒸盘，摆鱼骨。

③ 撒上盐、料酒、鱼片，放入味汁抹匀，入蒸锅。

④ 盖上盖，用大火蒸约8分钟取出，撒上葱花，浇上热油即可。

🔖 **制作指导**

鱼骨摆入盘前先用少许食用油抹匀，这样蒸熟后能避免粘附鱼肉。

🔖 **营养功效**

鲈鱼具有补肝肾、益脾胃、化痰止咳的功效。

橄榄菜蒸鲈鱼

🌱 **材料** 鲈鱼块185克，橄榄菜40克，姜末、葱花各少许

🍶 **调料** 盐、鸡粉各2克，生粉10克，生抽4毫升，食用油少许

📋 **做法**

①鲈鱼块装在碗中，撒上姜末、盐、生抽、鸡粉拌匀，再撒生粉拌匀，腌渍约15分钟。

②取一盘子，将腌好的鲈鱼块摆好，再撒上备好的橄榄菜。

③蒸锅上火烧开，放入装有鲈鱼的盘子，盖上锅盖，用大火蒸约8分钟至食材熟透。

④揭开锅盖，取出蒸好的食材，撒上葱花，最后淋上少许热油即可。

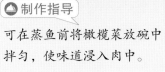 **制作指导**

可在蒸鱼前将橄榄菜放碗中拌匀，使味道浸入肉中。

黄芪鲈鱼

🌱 **材料** 鲈鱼1条，水发木耳45克，黄芪15克，姜片25克，葱花少许

🍶 **调料** 盐3克，鸡粉2克，胡椒粉少许，料酒10毫升

📋 **做法**

①洗好的木耳切小块。

②砂锅注水，放入洗净的黄芪，盖上盖，烧开后用小火炖15分钟。

③用油起锅，倒入姜片，将处理干净的鲈鱼煎至金黄色，淋料酒、清水，加入砂锅中的黄芪汁，放入木耳，盖上盖，用小火煮15分钟，至食材熟透。

④揭盖，放入盐、鸡粉、胡椒粉拌匀，略煮片刻，盛出撒上葱花即可。

制作指导

煮鱼汤时宜用大火烧至沸腾再转小火煮至汤汁变白，可避免煳锅。

鳝鱼

{ 补气养血
补脑益智 }

热量：83千卡/100克　　每日食用量：约50克

性味归经	性温，味甘，归肝、脾、肾经
主要营养	蛋白质、磷、钾、钙、烟酸、维生素B_2等
适宜人群	风湿痹痛、高血脂、冠心病、动脉硬化、糖尿病、肩周炎患者
不宜人群	瘙痒性皮肤病、支气管哮喘、淋巴结核、癌症、红斑狼疮等患者

相宜搭配及功效

鳝鱼+青椒	✅ 起到降血糖作用
鳝鱼+豆腐	✅ 促进钙质的吸收
鳝鱼+韭菜	✅ 补肾强精
黄鳝+藕	✅ 保持酸碱平衡

相克搭配及原因

鳝鱼+南瓜	❌ 不利营养素吸收
鳝鱼+菠菜	❌ 同食易导致腹泻
鳝鱼+柿子	❌ 不易消化

营养功效

①益智健脑：鳝鱼肉富含DHA、卵磷脂（EPA），研究表明经常摄取卵磷脂，记忆力可以提高20%，所以食用鳝鱼肉有补脑益智的功效。

②调节血糖：鳝鱼肉中独具的鳝鱼素，有降低血糖和调节血糖的功能。

③保护视力：鳝鱼肉中含有大量的维生素A，维生素A可以增进视力，促进皮膜的新陈代谢。

④强身健体：鳝鱼营养丰富，常食有很强的补益作用，对于身体虚弱、病后及产后之人更为明显。

食材处理

①取一条洗净的黄鳝，从尾部开始切"一"字刀。

②依次切刀距和深浅一致的"一"字刀。

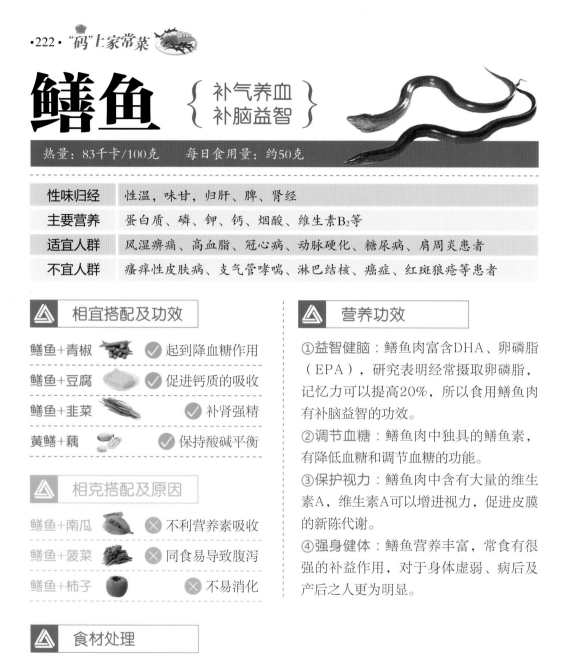

韭菜炒鳝丝

⊙ **材料** 鳝鱼肉230克，韭菜180克，彩椒40克

⊙ **调料** 盐3克，鸡粉2克，料酒6毫升，生抽7毫升，水淀粉、食用油各适量

⊙ **做法**

① 韭菜洗净，切段；彩椒洗净，切丝；鳝鱼肉切丝，盛入碗中，淋上料酒。

② 鳝鱼丝加盐、鸡粉、水淀粉，拌匀上浆，注油腌渍约15分钟。

③ 用油起锅，倒鳝鱼炒香，加料酒、生抽、彩椒丝、韭菜段翻炒均匀。

④ 加入盐、鸡粉炒匀，倒水淀粉勾芡，装盘即成。

⊙ **制作指导**

鳝鱼切丝前可用刀背拍打几下，这样鳝鱼的肉质会更有劲。

⊙ **营养功效**

鳝鱼有清热解毒、凉血止痛、祛风消肿的作用。

生蒸鳝鱼段

🔹 **材料** 鳝鱼300克，红椒35克，姜片、蒜末、葱花各少许

🔹 **调料** 盐2克，料酒3毫升，鸡粉2克，生粉6克，胡椒粉、生抽、食用油各适量

🔹 **做法**

1 洗净的红椒去子切成粒；鳝鱼洗净去头，切成段。

2 鳝鱼中放入蒜、姜、红椒、盐、料酒、鸡粉、胡椒粉、生抽、生粉拌匀。

3 往鳝鱼中加入油拌匀，腌渍15分钟，装入盘中，放入烧开的蒸锅中。

4 盖盖，用中火蒸10分钟取出，浇上热油，撒葱花即可。

🔹 **制作指导**

鳝鱼宜现杀现烹，因为死后的鳝鱼体内的组氨酸会转变为有毒物质。

🔹 **营养功效**

鳝鱼含有脑黄金和卵磷脂，具有补脑益智的作用。

绿豆芽炒鳝丝

🌱 **材料** 绿豆芽40克，鳝鱼90克，青椒、红椒各30克，姜片、蒜末、葱段各少许

🥄 **调料** 盐3克，鸡粉3克，料酒6毫升，水淀粉、食用油各适量

🍳 **做法**

①洗净的红椒、青椒去子，切成丝；处理干净的鳝鱼切丝，放入鸡粉、盐、料酒、水淀粉抓匀，注油腌渍10分钟。

②用油起锅，放姜片、蒜末、葱段爆香，放青椒、红椒、鳝鱼丝炒匀，淋料酒炒香，放入洗好的绿豆芽、盐、鸡粉炒匀，倒入适量水淀粉快速炒匀。

③把炒好的材料盛出，装入盘中即可。

🔺 **制作指导**

腌渍好的鳝鱼可以放入沸水中汆煮片刻，去除腥味。

竹笋炒鳝段

🌱 **材料** 鳝鱼肉130克，竹笋150克，青椒、红椒各30克，姜片、蒜末、葱段各少许

🥄 **调料** 盐3克，鸡粉2克，料酒5毫升，水淀粉、食用油各适量

🍳 **做法**

①鳝鱼、竹笋洗好切片；洗净的青、红椒切块；鳝鱼加盐、鸡粉、料酒、水淀粉拌匀，腌渍10分钟。

②锅注水烧开，加盐、竹笋煮1分钟捞出，放鳝鱼搅匀，汆煮片刻捞出。

③用油起锅，放姜片、蒜末、葱段爆香，倒入青椒、红椒、竹笋、鳝鱼、料酒炒匀，加入鸡粉、盐炒匀调味，倒入水淀粉勾芡即成。

🔺 **制作指导**

鳝鱼肉切片前用刀背拍打几下，可以使鳝鱼肉的口感更好。

带鱼 { 强心补肾 舒筋活血 }

热量：132千卡/100克　　每日食用量：约100克

性味归经	性温，味甘，归肝、脾经
主要营养	蛋白质、脂肪、钾、磷、钠、钙、烟酸等
适宜人群	老人、儿童、孕产妇，老年痴呆、气短乏力、久病体虚、血虚头晕者
不宜人群	患有疥疮、湿疹等皮肤病，癌症，淋巴结核，支气管哮喘等病症者

▲ 相宜搭配及功效

带鱼+香菇 ✓ 促进消化

带鱼+豆腐 ✓ 营养全面

带鱼+苦瓜 ✓ 保护肝脏

带鱼+木瓜 ✓ 补气养血

▲ 相克搭配及原因

带鱼+菠菜 ✕ 不利营养的吸收

带鱼+南瓜 ✕ 对身体不利

▲ 营养功效

①健脑益智：带鱼含DHA、卵磷脂（EPA），有助于儿童脑部发育，提高智力。

②强健骨骼：带鱼肉中钙、镁比例适当，经常食用，可以强健骨骼。

③抗肿瘤：带鱼肉中含有一种抗癌成分6－硫代鸟嘌呤，对辅助治疗白血病、胃癌、淋巴肿瘤等有益。

④预防心血管病：带鱼肉富含不饱和脂肪酸，能预防心血管疾病。

⑤防癌抗癌：带鱼肉富含硒，硒有防癌抗癌的功效。

▲ 食材处理

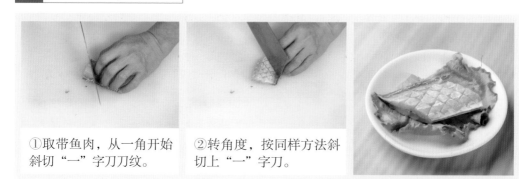

①取带鱼肉，从一角开始斜切"一"字刀刀纹。

②转角度，按同样方法斜切上"一"字刀。

芝麻带鱼

材料 带鱼140克，熟芝麻20克，姜片、葱花各少许

调料 盐3克，鸡粉3克，生粉7克，生抽4毫升，水淀粉、辣椒油、老抽、食用油各适量

做法

❶ 将处理干净的带鱼鳍剪去，切块，放姜、盐、鸡粉、生抽、料酒拌匀。

❷ 将腌好的带鱼裹上生粉；锅注油烧热，放带鱼炸至金黄色捞出。

❸ 锅留油加水、辣椒油、盐、鸡粉、生抽，煮沸，倒水淀粉、老抽炒匀。

❹ 放带鱼炒匀，撒入葱花炒香，装盘，撒上熟芝麻即可。

制作指导

炸带鱼时，要控制好时间和火候，以免炸焦。

营养功效

带鱼对心血管系统有很好的保护作用，可降低血压，适宜糖尿病患者食用。

醋焖腐竹带鱼

🔷 材料 带鱼110克，蒜苗70克，红椒40克，腐竹35克，姜末、蒜末、葱段各少许

🔷 调料 盐3克，白糖2克，生粉15克，白醋10毫升，生抽、料酒、水淀粉、鸡粉、食用油各适量

🔷 做法

❶ 蒜苗洗好切段；红椒洗净去子切块；带鱼洗净切块。

❷ 带鱼加生抽、盐、鸡粉、料酒抓匀，裹上生粉。

❸ 锅倒油烧热，放入腐竹炸至金黄色，捞出。

❹ 热油中放带鱼，炸成焦黄色捞出。

❺ 锅留油，放姜、葱、蒜、蒜苗梗爆香，加水、腐竹炒匀。

❻ 加盐，放入红椒炒匀。

❼ 加生抽、带鱼、蒜苗叶炒匀，淋白醋炒入味。

❽ 加少许水淀粉翻炒均匀即可。

葱香带鱼

🍳 **材料** 带鱼肉350克，葱段35克，姜片30克

🥄 **调料** 盐3克，鸡粉2克，鱼露3毫升，料酒6毫升，食用油少许

🍲 **做法**

❶ 洗净的带鱼肉切成均等大小的段，再打上花刀。

❷ 带鱼放在碗中，放姜片、鱼露、盐、鸡粉、料酒拌匀。

❸ 带鱼腌渍约15分钟至入味。

❹ 取一盘，铺上葱段、带鱼块，放入蒸锅。

❺ 盖上锅盖，用中火蒸约8分钟至带鱼熟透。

❻ 揭盖取出，淋上少许热油即成。

🔺 **制作指导** 带鱼蒸好后要均匀地淋入热油，这样菜肴的味道才更佳。

🔺 **营养功效** 带鱼有和中开胃、暖胃补虚的作用。此外，带鱼还含有较多的铁元素。儿童食用带鱼，有补铁的功效。

鳕鱼

{ 降低胆固醇
预防高血压 }

热量：166千卡/100克　　每日食用量：150～200克

性味归经	性平，味甘，归脾、胃经
主要营养	蛋白质、脂肪、矿物质、维生素A、维生素D、B族维生素、维生素E
适宜人群	一般人群均可食用
不宜人群	痛风、尿酸过高患者忌食

◭ 相宜搭配及功效

鳕鱼+香菇	✔ 益智健脑
鳕鱼+豆腐	✔ 蛋白质易吸收
鳕鱼+辣椒	✔ 增进食欲
鳕鱼+咖喱	✔ 营养丰富

◭ 相克搭配及原因

鳕鱼+红酒	✘ 产生腥味
鳕鱼+香肠	✘ 破坏肝功能

◭ 营养功效

①保护心血管：鳕鱼中含有镁元素，对心血管系统有很好的保护作用，有利于预防高血压、心肌梗死等心血管疾病。鳕鱼还富含不饱和脂肪酸，有助于降低胆固醇。

②促进生长发育：鳕鱼鱼脂中含有球蛋白、白蛋白，还含有儿童发育所必需的各种氨基酸，构成很合理，又容易被人消化吸收，能促进儿童的生长发育。

◭ 食材处理

①取洗净的鳕鱼肉，用刀对半切开，切片状。

②将剩余的鳕鱼肉依次切片即可。

香菇蒸鳕鱼

📥 **材料** 鳕鱼肉200克，香菇40克，泡小米椒15克，姜丝、葱花各少许

🅱 **调料** 料酒4毫升，盐、蒸鱼豉油各适量

📥 **做法**

❶ 泡小米椒切碎；洗好的香菇切成条。

❷ 洗净的鳕鱼肉放料酒、盐拌匀，装盘，加香菇、小米椒碎、姜丝。

❸ 鳕鱼放蒸锅中，盖上盖，用中火蒸8分钟至食材熟透。

❹ 揭开盖取出，浇上少许蒸鱼豉油，撒上葱花即可。

🔺 **制作指导**

蒸鳕鱼的时间不能太长，否则会影响其鲜嫩的口感。

🔺 **营养功效**

鳕鱼含有不饱和脂肪酸、镁等，有降低血压、保护心血管系统等功效。

鱿鱼

{ 补虚养气
滋阴养颜 }

热量：313千卡/100克　　每日食用量：30～50克

性味归经	性平，味甘、咸，归肝、肾经
主要营养	蛋白质、脂肪、维生素E、钠、磷、镁等
适宜人群	骨质疏松、缺铁性贫血、月经不调、老年痴呆症患者
不宜人群	内分泌失调、甲亢、皮肤病、脾胃虚寒、过敏性体质患者

◢ 相宜搭配及功效

鱿鱼+辣椒　　✔ 刺激食欲

鱿鱼+虾　　✔ 预防动脉硬化

鱿鱼+竹笋　　✔ 营养互补

鱿鱼+猪蹄　　✔ 补气养血

◢ 相克搭配及原因

鱿鱼+西红柿　　✕ 有毒

鱿鱼+茄子　　✕ 损伤身体

鱿鱼+鸭蛋　　✕ 同食会有怪味

◢ 营养功效

①促进生长发育：鱿鱼富含钙、磷、铁元素，利于骨骼发育和造血，能有效治疗贫血。

②抗病毒：鱿鱼含有的多肽和硒等微量元素，有抗病毒防辐射的作用。

③缓解疲劳：鱿鱼是含有大量牛磺酸的低热量食品，可抑制血中的胆固醇含量，预防高血压、高血糖等成人病，缓解疲劳，恢复视力，改善肝脏功能。

④瘦身：鱿鱼是高蛋白、低脂肪的一种食品，可帮助女性保持美好体形。

◢ 食材处理

①注水清洗鱿鱼，取出软骨，剥开鱿鱼的外皮。

②取出鱿鱼肉洗净，清理头部，剪去鱿鱼的内脏。

③去掉鱿鱼的眼睛以及外皮，再冲洗干净即可。

干煸鱿鱼丝

🔄 **材料** 鱿鱼200克，猪肉300克，青椒30克，红椒30克，蒜末、干辣椒、葱花各少许

🥄 **调料** 盐3克，鸡粉3克，料酒8毫升，生抽5毫升，辣椒油5毫升，豆瓣酱10克，食用油适量

🍲 **做法**

① 锅中注水烧开，放入猪肉，用中火煮10分钟捞出；洗净的青椒、红椒切圈。

② 猪肉切丝；鱿鱼切丝，放入盐、鸡粉、料酒拌匀，腌渍10分钟。

③ 锅注水烧开，倒入鱿鱼煮至变色捞出；用油起锅，倒猪肉、生抽炒匀。

④ 加干辣椒、蒜末、豆瓣酱、红椒、青椒、鱿鱼、盐、鸡粉、辣椒油、葱花炒匀。

🔺 **制作指导**

鱿鱼焯水的时间不宜过久，以免影响口感。

🔺 **营养功效**

常食鱿鱼对骨骼发育和造血有利，还可抑制血液中的胆固醇含量。

墨鱼

{ 益血补肾
健胃理气 }

热量：83千卡/100克　　每日食用量：30～50克

性味归经	性微温，味咸，归肝、肾经
主要营养	蛋白质、碳水化合物、钾、碘、磷、硒、维生素E、叶酸等
适宜人群	一般人群均可食用
不宜人群	高血脂、肝病患者慎食

相宜搭配及功效

墨鱼+木瓜　✅ 有补肝肾的功效

墨鱼+韭菜　✅ 降低胆固醇

墨鱼+核桃仁　✅ 辅助治疗闭经

墨鱼+黄瓜　✅ 健脾益气

相克搭配及原因

墨鱼+茄子　❌ 易引起霍乱

墨鱼+碱　❌ 不利营养吸收

营养功效

①强身健体：墨鱼含蛋白质、多种维生素和钙、磷、铁等微量元素，具有壮阳健身、益血补肾、健胃理气的功效。

②防癌抗癌：墨鱼的墨汁含有一种粘多糖，有一定的抑癌作用。

③保持体形：墨鱼中脂肪含量相当少，营养元素却很多，是使女性保持美好体形的理想食品。

④防治妇科病：中医认为，墨鱼具有通经、催乳、补脾、滋阴、调经、止带之功效，可用于妇女经血不调、水肿、湿痹、痔疮、脚气等症的食疗。

食材处理

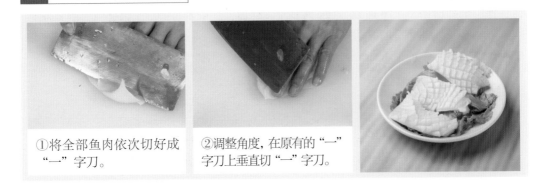

①将全部鱼肉依次切好成"一"字刀。

②调整角度，在原有的"一"字刀上垂直切"一"字刀。

姜丝炒墨鱼须

🔹 **材料** 墨鱼须150克，红椒30克，生姜35克，蒜末、葱段各少许

🔹 **调料** 豆瓣酱8克，盐、鸡粉各2克，料酒5毫升，水淀粉、食用油各适量

🔹 **做法**

❶ 洗净去皮的生姜切丝；洗好的红椒切丝；洗净的墨鱼须切段。

❷ 锅注水烧开，倒入墨鱼须、料酒拌匀，煮约半分钟捞出。

❸ 用油起锅，放蒜、红椒、姜爆香，倒墨鱼须炒卷起，淋料酒炒匀。

❹ 放豆瓣酱、盐、鸡粉炒匀，倒入水淀粉勾芡，撒上葱段炒香即成。

🔺 **制作指导**

墨鱼须在氽水前先拍上少许生粉，这样更容易保有其鲜美的口感。

🔺 **营养功效**

墨鱼对塑造体型、保持身材和保养肌肤等都有较好的食疗效果。

豉椒墨鱼

🔶 **材料** 墨鱼200克，红椒45克，青椒35克，芹菜50克，豆豉、姜片、蒜末、葱段各少许

🔶 **调料** 盐4克，鸡粉4克，料酒15毫升，水淀粉10毫升，生抽4毫升，食用油适量

🔶 **做法**

① 墨鱼洗净切片；红椒、青椒洗净切块；芹菜洗净切段。	② 墨鱼加盐、鸡粉、料酒、水淀粉拌匀，腌渍10分钟。	③ 锅注水烧开，放油、青椒、红椒煮半分钟捞出。	④ 放墨鱼氽至变色，捞出沥干水分。
⑤ 用油起锅，放入姜片、蒜末、葱段、豆豉爆香。	⑥ 倒入墨鱼、料酒、青椒、红椒、芹菜炒均匀。	⑦ 加入适量盐、鸡粉、生抽炒匀。	⑧ 倒入适量水淀粉勾芡即可。

沙茶墨鱼片

🔸 **材料** 墨鱼150克，彩椒60克，姜片、蒜末、葱段各少许

🔸 **调料** 盐3克，鸡粉3克，料酒9毫升，水淀粉8毫升，沙茶酱15克，食用油适量

🔸 **做法**

① 洗净的彩椒切成小块；处理好的墨鱼切成片。

② 墨鱼片加鸡粉、盐、料酒拌匀，倒入水淀粉拌匀。

③ 锅注水烧开，放入墨鱼片汆煮半分钟，捞出。

④ 用油起锅，放姜、蒜、葱爆香，倒彩椒炒匀。

⑤ 放墨鱼炒匀，加料酒、沙茶酱、盐、鸡粉炒匀。

⑥ 倒入适量水淀粉快速翻炒均匀即可。

🔺 **制作指导** 清洗墨鱼要将表皮的一层薄膜剥下来，这样可使墨鱼的味道纯正而不会有腥味。

🔺 **营养功效** 墨鱼具有养血、通经、补脾、益肾、滋阴、调经的功效，是女性理想的保健食品。

虾

{ 补肾壮阳
通乳催乳 }

热量：98千卡/100克　　每日食用量：30～50克

性味归经	性温，味甘、咸，归脾、肾经
主要营养	蛋白质、磷、钾、钠、钙、维生素E等
适宜人群	肾虚阳痿、男性不育症者，腰腿虚弱无力者及孕妇
不宜人群	高脂血症、动脉硬化、风湿性关节炎、支气管哮喘等病患者

相宜搭配及功效

虾+豆苗	✔ 增强体质
虾+白菜	✔ 益气润燥
虾+豆腐	✔ 补充蛋白质
虾+丝瓜	✔ 美容养颜

相克搭配及原因

虾+猪肉	✘ 耗人阴精
虾+西瓜	✘ 引起腹泻
虾+南瓜	✘ 导致人体中毒

营养功效

①强健骨骼：虾肉富含钙、磷，能强健骨骼，预防骨质疏松。

②消除时差症：虾肉含有一种特别的物质——虾青素，有助于与消除因时差反应产生的"时差症"。

③预防癌症：虾肉含有硒，可以有效预防癌症。

④增强体质：虾含有丰富的蛋白质，营养价值很高，同时含有丰富的矿物质，适量食用有助于增强体质。

⑤通乳：虾的通乳作用较强，并且富含磷、钙，对小儿、孕妇尤有补益功效。

食材处理

①用剪刀剪去虾须、脚、尾尖。

②在虾背部开一刀，用牙签挑出虾线。

③把虾放在流水下冲洗干净，沥干水分即可。

韭菜虾米炒蚕豆

🔷 **材料** 蚕豆160克，韭菜100克，虾米30克

🔶 **调料** 盐3克，鸡粉2克，料酒5毫升，水淀粉、食用油各适量

🔷 **做法**

1. 洗净的韭菜切段；锅中注水烧开，加盐、油、蚕豆煮约1分钟捞出。

2. 用油起锅，放入虾米炒香，加入韭菜，翻炒至其变软。

3. 淋入料酒炒香，加入盐、鸡粉炒匀调味，倒入蚕豆炒至熟透。

4. 倒入适量水淀粉勾芡，装盘即成。

🔺 **制作指导** 焯煮蚕豆前可以先泡一段时间，这样可以缩短焯煮的时间。

🔺 **营养功效** 蚕豆有降低血压、清热解毒的功效，很适合高血压患者食用。

🌱 海带虾仁炒鸡蛋

🔰 **材料** 海带85克，虾仁75克，鸡蛋3个，葱段少许

🔰 **调料** 盐3克，鸡粉4克，料酒12毫升，生抽4毫升，水淀粉4毫升，芝麻油、食用油各适量

🔰 **做法**

❶ 洗好的海带切成小块；处理好的虾仁去除虾线。

❷ 虾放料酒、盐、鸡粉、水淀粉、芝麻油拌匀腌10分钟。

❸ 鸡蛋放盐打散搅匀；起油锅，放蛋液炒匀炒散。

❹ 锅中注水烧开，倒入海带煮半分钟捞出，沥干水分。

❺ 用油起锅，倒虾仁炒变色，加入海带炒均匀。

❻ 淋入料酒、生抽，加入鸡粉炒匀。

❼ 倒入炒好的鸡蛋，翻炒匀。

❽ 放入葱段，翻炒匀即可。

鲜虾紫甘蓝沙拉

材料 虾仁70克，西红柿130克，彩椒50克，紫甘蓝60克，西芹70克

调料 沙拉酱15克，料酒5毫升，盐2克

做法

1. 洗净的西芹切段；洗好的西红柿切成瓣。

2. 洗好的彩椒切成小块；洗净的紫甘蓝切成小块。

3. 锅注水烧开，放盐、西芹、彩椒、紫甘蓝煮半分钟捞出。

4. 放虾仁煮沸，淋料酒搅匀，煮1分钟捞出。

5. 将西芹、彩椒和紫甘蓝倒入碗中。

6. 放入西红柿、虾仁、沙拉酱搅拌匀即可。

制作指导 紫甘蓝不宜焯水过久，否则会破坏营养，而且影响脆嫩口感。

营养功效 西红柿含有有机碱、番茄红素、维生素及多种微量元素，能清除自由基，降低血浆胆固醇浓度，有一定的降血压作用。

螃蟹

{ 清热解毒
  补骨添髓 }

热量：139千卡/100克　　每日食用量：约80克

性味归经	味咸、性寒，归肝、胃经
主要营养	蛋白质、钾、钙、磷、维生素E、烟酸等
适宜人群	跌打损伤、筋断骨碎、瘀血肿痛、产妇胎盘残留、骨质疏松症者
不宜人群	伤风、发热、慢性胃炎、高脂血症、风湿性关节炎、痛经等病患者

相宜搭配及功效

螃蟹+黄酒	✓ 活血通窍
螃蟹+生姜	✓ 性味互补、杀菌
螃蟹+冬瓜	✓ 养精益气
螃蟹+鸡蛋	✓ 补充蛋白质

相克搭配及原因

螃蟹+茶	✗ 会产生有毒物质
螃蟹+花生	✗ 同食易导致腹泻
螃蟹+土豆	✗ 引发结石

营养功效

①保护甲状腺：蟹肉中含有碘，可以预防甲状腺肿大。

②预防骨质疏松：蟹肉富含钙，能强健骨质，预防骨质疏松。

③强身健体：蟹含甲壳素，可抑制人体组织不正常增生。

④增强免疫力：螃蟹含有丰富的蛋白质、微量元素等营养，对身体有很好的滋补作用。

⑤补肝益肾：中医认为螃蟹有清热解毒、补骨添髓、养筋接骨、利湿退黄、利肢节、滋肝阴、充胃液之功效。

食材处理

①撬开蟹壳，将蟹壳里的脏物刮除后清洗干净。

②对半切开，足尖切掉，将其余的蟹切完即可。

鲜味冬瓜花蟹汤

🔵 **材料** 花蟹1只，冬瓜100克，姜片、葱花各少许

🔵 **调料** 盐、鸡粉各2克，胡椒粉少许，料酒5毫升，食用油适量

🔵 **做法**

① 洗净的花蟹去除内脏，切成小块；洗净去皮的冬瓜，切成片。

② 用油起锅，放姜片爆香，倒冬瓜、花蟹、料酒，炒香。

③ 注水，盖盖，用中火煮约5分钟，至食材熟透。

④ 揭盖，加盐、鸡粉、胡椒粉拌匀煮片刻，盛出撒上葱花即可。

🔵 **制作指导**

冬瓜片要切得适当厚一些，这样煮好的冬瓜才不会过于绵软。

🔵 **营养功效**

花蟹味道鲜美，十分滋补，搭配冬瓜炖汤，营养丰富之余还有降压降糖之效。

蛤蜊

{ 防治贫血
抗抑郁 }

热量：62千卡/100克　　每日食用量：约50克

性味归经	味咸，性寒，归肺、肾经
主要营养	蛋白质、脂肪、碳水化合物、铁、钙、磷、碘、维生素、氨基酸、牛磺酸
适宜人群	一般人群均可食用
不宜人群	胃痛腹痛者忌食

相宜搭配及功效

蛤蜊+豆腐　　　✔ 补气养血

蛤蜊+鸡蛋　　　✔ 抗衰老、防癌

蛤蜊+韭菜　　　✔ 补肾、降低血糖

蛤蜊+绿豆芽　　✔ 利水消肿

相克搭配及原因

蛤蜊+芹菜　　　✘ 影响维生素吸收

蛤蜊+田螺　　　✘ 腹胀

蛤蜊+橙　　　　✘ 影响维生素吸收

营养功效

①保护骨骼：蛤蜊的钙质含量高，是不错的钙质源，有利于儿童的骨骼发育。

②防治贫血：蛤蜊肉中的维生素B$_{12}$含量很高，这种成分关系到血液的新陈代谢，有助于缓解贫血。

③抗焦虑：蛤蜊里的牛磺酸，可以帮助胆汁合成，有助于胆固醇代谢，还能维持神经细胞膜的电位平衡，能抗痉挛、抑制焦虑。

④防癌抗癌：蛤蜊中有一种叫蛤素的物质，有抑制肿瘤生长的抗癌效应。

食材处理

①将蛤蜊放在盆里，加入适量盐。

②用手抓洗蛤蜊。

③捞起，放在流水下冲洗，沥干水分即可。